詩經一瓣留余香

夏传才 | 编选

海峡出版发行集团 THE STRAITS PUBLISHING & DISTRIBUTING GROUP | 鹭江出版社 LUJIANG PUBLISHING HOUSE

2015年 · 厦门

图书在版编目（CIP）数据

诗经一瓣留余香 / 夏传才编选 . —厦门：鹭江出版社，2016.4

ISBN 978-7-5459-0882-4

Ⅰ. ①诗… Ⅱ. ①夏… Ⅲ. ①夏传才—书信集 Ⅳ. ① K825.6

中国版本图书馆 CIP 数据核字（2015）第 273391 号

SHIJING YIBAN LIUYUXIANG

诗经一瓣留余香

夏传才　编选

出版发行：海峡出版发行集团
鹭　江　出　版　社

地　　址：厦门市湖明路 22 号　　**邮政编码**：361004

印　　刷：北京睿特印刷厂大兴一分厂

地　　址：北京市大兴区星光工业开发区西红门福伟路四条十号　　**邮政编码**：102600

开　　本：880mm × 1230mm　1/32

插　　页：1

印　　张：8.25

字　　数：184 千字

版　　次：2016 年 4 月第 1 版　2016 年 4 月第 1 次印刷

书　　号：ISBN 978-7-5459-0882-4

定　　价：38.00 元

周颖南先生，偕夫人何玉凤女士三次来石家庄访问，与夏传才夫妇和女儿合影

夏传才与新加坡全球汉诗总会会长张济川（中）、北京外国语大学卢燕丽教授同游曲阜孔庙

夏传才与张松如（公木）摄于抱犊寨

汤炳正与夏传才同登尧山。汤炳正（1910—1996）教授，曾任中国屈原学会会长。

夏传才与深圳大学牟玉亭、北京大学褚斌杰二教授于深圳

夏传才与语言学家向熹教授于成都四川大学

夏传才与美国林中明教授在会上

夏传才与台湾左松超（左）、陈新雄（中）

1996年，夏传才与赵制阳摄于台湾新竹赵宅

夏传才与朱守亮教授夫妇于韩国

夏传才与林庆彰，摄于台北中研院文哲所门前

1996年，夏传才与香港诗人协会会长蓝海文博士于香港中文大学

1998年，夏传才与丁平教授摄于香港金钟，右为何江显博士

夏传才与香港中文大学黄坤尧教授

夏传才等出席韩国诗经国际学术大会

2000 年，韩国国民大学，夏传才与韩国诗经学会会长宋昌基（左）、日本诗经学会会长村山吉广（中）

早稻田大学教授、日本诗经学会会长村山吉广来访

日本静冈长尾富雄自日本来访

夏传才与著名汉学家、日本大东文化大学名誉教授栗原圭介在山海关前

宫胁弘幸教授自日本来访

中国诗经学会成立大会暨首届国际学术研讨会（1993.8.10—14）于河北省石家庄市

第二届诗经国际学术研讨会（1995.8.10—14）于北戴河

第三届诗经国际学术研讨会（1997.8.4—9）于桂林

第四届诗经国际学术研讨会（1999.8.4—9）于济南

第五届诗经国际学术研讨会（2001.8.5—10）于张家界

毛诗发祥地考察暨国际研讨会（2002.9.9—12）于河间市

中国诗经学会领导成员（左起）：副秘书长王洲明、副会长赵沛霖、副会长董治安、会长夏传才（2012年退休）、副会长褚斌杰、常务理事张启成、秘书长王长华（2012年当选会长）

夏传才与夫人金婚纪念（1951-2001）

2003 年，夏传才在书房

目录

第四辑　美欧飞鸿 / 065

第一辑　特别邮件

一首全球华人圈子引起轰动的英文诗

2013年12月9日，Nyukui.wong发来电邮，全录于下（英文原文略）：

诗相传是出于纽约州立大学水牛城分校荣誉退休物理学教授Duo-Liang Lin的手笔：这位学者表达的是整个中华民族的愤慨。以前国弱受欺凌，好不容易开始崛起又受敌视，中国人做什么都似乎不对，你们西方人究竟想我们怎样生存？全诗如下：

给西方的诗——你究竟要我们怎样生存？

Duo-Liang Lin

我们是东亚病夫时，我们被说是黄祸；
我们被预言是一个超级大国了，我们被指是主要威胁。

那时我们闭关自守，你走私鸦片来强开门户；
我们拥抱自由贸易了，你责骂我们抢走你的饭碗。

那时我们风雨飘摇，你铁蹄犯境要求机会均等；

我们要整合破碎山河，你说我们“入侵”，叫喊“给西藏自由”。

我们试行马列救国，你痛恨我们成为共党分子；

我们拥抱资本主义了，你又恨我们当了资本家。

当我们的人口到达十亿，你说我们在摧毁地球；

我们要限制人口了，你说我们践踏人权。

那时我们一贫如洗，你视我们贱如狗；

我们有钞票给你了，你怨我们令你国债累累。

我们发展工业了，你说我们是污染者；

我们有货品卖给你了，你说我们是地球暖化的因由。

我们购买石油，你说我们榨取兼灭族；

你们为石油开战，你说是为了解救生灵。

那时我们动乱无序，你说我们没有法治；

现在我们要依法平暴，你说我们违反人权。

我们静默无声时，你说我们欠缺言论自由；

我们不再缄默了，你说我们是被洗了脑的仇外暴民。

为什么你这样憎恨我们？我们想知道。

“不”，你说，“我不恨你们。”

我们也不恨你；只是，你了解我们吗？

“当然了解”，你说，“我们消息多的是，有 AFP、CNN，还有 BBC。”

其实你究竟要我们怎样生存？

回答之前，请仔细地想一想……因为你的机会不是无限的。

已经够多了……这个世界容不下更多的伪善了。

我们要的是同一个世界，同一个梦想，普世太平。

这个宽广、辽阔的蓝地球，容得下你们，容得下我们。

林中斌：莫斯科的52座诗人雕像

林中斌，原美国华府乔治城大学外交学院讲座教授，曾任台湾“大陆工作委员会”副主任、“国防部”副部长，现任淡江大学国际事务与战略研究所教授。

宾利是顶级豪华车，一辆一千多万台币。俄罗斯在10年前全国一部都没有，去年总数103辆。这项《时代》杂志2010年12月6日的报道，令我一震。眼前景象穿过时光隧道，回到15年前那个12月的莫斯科。我站在银行外排队。卢布用完，要用美元换。零下的温度，阴云密布，虽厚大衣裹身，仍酷寒入骨。每15分钟，军车载了荷枪实弹的士兵、保卫进银行，背走一大袋现钞。银行怕抢，不放心顾客进入，更不放心存放现款。我抬头看银行外电子显示汇率牌：美元一元对卢布六万多。卢布数字几分钟就跳高一次！

那时，苏联刚解体，经济崩溃，生活困顿，人口损失严重，一年几乎减100万！所见到的市民，面色苍白（营养不良），毫无笑容。但是，他们衣服朴素整洁，抬头挺胸，显露无言的尊严。地铁干净，乘客极守秩序。晚上，我去柴可夫斯基演奏厅，听音乐。标价不便宜，竟然客满！接待的人说：莫斯科一大特色，是历年来竖立的 52 座诗人雕像。心想世界上首都的铜像尽是政治领袖、军事英雄，有哪个国家首都竖立数十个诗人雕像？俄国诗传统不过三百年，诗有几千年历史的中国首都，有多少诗人雕像？那句话现在回想起来，依然令人感动。

俄罗斯民族称斯拉夫（Slav），其原意就是奴隶（Slave）。这个民族历史上已备受鞭挞。苏联政权崩解时，又没有食物。这些都可以忍。但是不能没有诗，不能没有音乐。正因为如此，民族的灵魂受苦难而坚韧，润弦歌而升华。我对自己说：俄罗斯将再起！

两年后，1997 年，我重返莫斯科。车子路过一座建筑，金顶闪闪发光。当地朋友高兴地告诉我，基督救世主大教堂由仍然贫穷的人民集体捐款已重建了。此教堂在 1812 年拿破仑攻俄失败后建立，为感谢上苍的庇佑，并纪念为国捐躯的忠魂。1931 年，被持无神论的苏共政权爆破，预备树立巨大的列宁像。后因希特勒进兵苏联，全国动员作战而作罢。此教堂能在经济萧条时重建，放射出民族未来的曙光。

果然，1998 年，俄罗斯经济便实现谷底回升，一路直线成长，到 2008 年成为“金砖四国”之一。虽然今年第二季度增长只有 5.2%，殿后金砖其他三国，却远超过美（3.2%）、日（1.9%）、德（3.7%）、法（1.7%）。2007 年，下滑了十年的人口开始止滑。原来侵害国民生命的问题如酗酒、谋杀已然稳住。

随着俄罗斯经济社会复苏，它的外交开始显露自信，内政展现希望。2007 年之后，俄国进入美国后院。那年，俄舰在二战后首度穿越巴拿马运河。次年，俄国与委内瑞拉在委国领海举行海空军事演习。今年 11 月，莫斯科向东西齐头并进。它宣布将出售给北京本已取消的苏凯 30 先进战机，又同意协助以前敌对的北约发展飞弹防御。1993 年，俄国法庭实行陪审制度。被告无罪释放的比例，由原先 1% 大幅提升至 20%。最近，莫斯科市中心首次允许反对党游行。政府宣布人民户口可以自由迁移。原先被禁的文学巨著索尔仁尼琴的《古拉格群岛》，现在为高中生必读书。伟大的俄罗斯诗人普希金（1789—1837），如天上有知，应在微笑。

（2010.12.10 电邮）

林中斌：民主有病了！

本文原刊 2014 年 3 月 18 日台北《联合报》；2014 年 3 月 21 日特发至夏邮箱，录此同赏。

街头如战场，首都如炼狱。焦土洒赤血，广场漫黑烟。

乌克兰十年前橘色革命下诞生充满憧憬的民主，落此下场！其间，经济停滞，社会动荡，民主已转成“专权”。

类似戏码，向东在泰国上演，向西在委内瑞拉登台。

三年前“阿拉伯之春”虽然为利比亚、埃及等国带来民主，如今也沦落于政治混乱、经济衰退之中。

两千五百年前，希腊柏拉图见证雅典的民主，却称民主是恶劣制度，因它会变成独裁！民主会孳生 demogogues。此词中文无字，意为“煽动激进、魅力谋权”之人。

民主的商标是选举。可是，完全合法选出的独裁者有德国的希特勒、意大利的墨索里尼，等等。

有人说：那些失败的个案都是“民粹”，不是民主。民主最初的定义是“多数人掌权”（ruled by many），有别于“少数人掌权”

（ruled by afew）的寡头政治，和“一人掌权”（ruled by one）的独裁。可是民粹不也是多数人掌权吗？在口水戏里，自己是民主，对方是民粹！民主和民粹之间客观的界线在哪？

有人说：民主不只要选举，还要有公民素质、教育水准、法治条件。民主只要像美国或西欧就好了。

可是美国如今政党恶斗，政策瘫痪，政府关门；民主楷模的彩漆已严重剥落。去年，美国权威的民调智库 Pew Research Center 问各国人民对自己国家大方向的满意程度，中国人民有 85%“很满意”，而美国人民只有 31%！

“民主是最坏的制度，如果不算以前试过的其他制度。”丘吉尔曾俏皮地推举民主为人类经历过的最佳制度。这话仍然站得住脚吗？

西欧国家如今弥漫了对民主的讥诮与冷漠。2012 年民调显示，7 个西欧国家有超过一半选民对政府不信任。同年，英国 YouGov 民调发现，62% 的人民认为：“政治人物一直说谎。”英国人加入政党的人数占总人口比例在 1950 年为 20%，而今降为 1%。

1941 年，全世界只有 11 个民主国家；2000 年民主国家增为 120 个。之后，民主发展便停滞甚至倒退。

民主已经病了！民主痼疾至少有六——

一、多数欺少数：新兴民主国家胜选政党通吃，不留余地，逼得败选政党抗争、不接受选举结果。如孟加拉国、泰国、柬埔寨。

二、竞选空承诺：罗马雄辩家西塞罗竞选执政官，用其弟所写选战手册，胜选，特点是“多许诺，勿拒绝”。克林顿总统选战大将 James Carville，于 2012 年骄傲分享的“手忙脚乱策略”即是此书。

可见选举手段之虚伪。

三、官商暗勾结：《时代》杂志2011年11月2日报道，美国国会两党议员都与大企业有利益输送关系，包括今日国务卿柯瑞和众议院党鞭贝纳等；因此规范企业立法松弛，导致金融危机，贫富不均。

四、群众贪短视：民主让人民选，要目前利益，而债留子孙。政客为胜选，照办，政府赤字膨胀。法国和意大利有三十年没平衡预算。如此能永续经营吗？

五、制衡变僵持：美国开国元勋设计行政、立法相互制衡，以防独裁。如今，总统和国会反对党互不相让，预算不过，万事难行。

六、政权传家族：三十年来，美国白宫和内阁总有布什或克林顿家族的成员。今日，印度下议院三十岁以下议员都来自政治世家。一般人民掌政权的机会锐减。

民主将不再是万灵丹。心灵物质融合、精英群众并重的新政治理想将浮现。

王程远:《思齐》本义辨

王程远，四川泸州市离休干部，钻研《诗经》十多年，著有《诗经释义若干辨析》《商周断代新论》。此文是他几经补充修改后寄给夏传才征求意见。夏认为此文内容，不但是《思齐》一诗的新解，更关系西周史以及《诗》二南等史学和《诗》学等重大史实，不仅是“诗无达诂”的问题，几次未敢编入《诗经研究丛刊》正式发表。作为互相商讨的信函载于此，供研究者参考。

《思齐》是一篇歌颂文王之妻、武王之母太姒的乐歌。就《思齐》文本来说，是一篇纯粹赞美颂扬的诗，用的是“赋”的写作手法，即铺陈直叙，没有“比、兴”一类的用词，因此没有什么隐喻的意思。全诗仅有四章，各章紧密关联，首尾衔接，因此歌颂的中心对象只能有一个，一开始提到的大任、大姜以及文王都是作为衬托，最后落脚在太姒，这也是诗的表现手法之一，所以，二、三、四章叙述的都是太姒的功绩。下面我们从文本入手，并结合历史的具体情况逐章加以辨析。

首章一开始说端庄的太任和美丽动人的太姜，接着便说太姒继承了二人的美好品德和声誉，可见虽然先赞扬太任（季历之妻）和太姜（古公亶父之妻）二人，却不过是一个铺垫。全诗二十四句仅有一处提及文王，说太任是文王的母亲，也不过点明太任的身份。此诗从开头以至结尾内容是连贯的，如说太姒的“则百斯男”到末句的“誉髦斯士”，首尾呼应紧密衔接，显见此诗歌颂的对象不是文王。

说太姒具有太任的端庄品德，又有太姜的美丽妩媚（《大明》），说她生长“在洽之阳”，即今天的陕西洽阳县；称她为“俔天之妹”，即像天帝之妹一样既美丽又端庄。但重点却是末句“则百斯男”，所以，对这一句的本义应当如何理解，至关重要。

“则百斯男”，过去都理解为：太姒养了百个男孩。为了解决一个女人不可能生育那么多孩子的问题，自《毛传》开始均认为：是把文王众妾所生的儿子都算在了太姒的名下，由她抚养，所以有那么多男孩。如此看似解决了问题，但稍加思考，人们会问：文王与妻妾所生怎么会全是男孩呢？如果加上所生女孩，数量之大就令人不可思议了。文王与太姒共同生育了十个男孩，已是很不简单了，又御众妾生有百男，实际上根本是不可能的。文王之为人，据古文献记载，勤于政务，工作十分繁忙，《尚书·无逸》中周公旦说他：“自朝至于日中昃，不遑暇食，用咸和万民。文王不敢盘于游田，以庶邦惟正之供。”与太姒二人共生男十人，都是有名有号的，可见他虽有姬妾，也不可能生出上百个，且史籍一个都没有记载，难道说都不成人吗？与本诗末句“誉髦斯士”也不相符。显然过去的理解不对。

那么“则百斯男”当如何理解呢？首先要注意“则”字的意思，

《说文》:“则，等划物也，从刀，从贝。……籀文则从鼎。”“等划物”即等分物品，公平之义。“鼎”为煮食物或盛食品的器具，所以“则”字的本义是：按规矩公平地宰割、分配食物。所以本句的意思当为：太姒公平地对待百位男孩。那么，百位男孩是谁的呢？与第二章所述“惠于宗公”、“刑于寡妻”联系起来看，意思就清楚了，是说：收养和教育了上百数的族人遗孤，而且一视同仁、公平对待。

二章说：“惠于宗公，神无时怨，神无时恫。刑于寡妻，至于兄弟，以御于家邦。”可知太姒所养育的上百个男孩，是“惠于宗公”的事，所以“神无时怨，神无时恫”，——死去之人的神灵对话时没有怨言和恫恨。又有“寡妻”之语，可知“百斯男”均为族人的遗孤，具体地说还多是阵亡将士的遗孤。明确这一点，又当把文王在位时的情况加以了解。文王原为殷商属下的诸侯，被纣封为西伯。《史记·周本纪》说：“西伯阴行善，诸侯皆来决平”，“受命之年而断虞芮之讼”，“明年伐犬戎，明年伐密须，明年败耆国……明年伐邗。明年伐崇侯虎而作丰邑，自岐下而徙都丰。”可见文王之时战争是相当多的，每次战斗中死亡的将士当不在少数，因此留下的孤儿寡妇也多。文王长时间忙于公务，许多具体事务定然无法顾及，其中照顾和抚养遗孤却是一项十分重要的事，太姒作为王妃直接承担起了这个任务，具有更大的意义。由于太姒把宗族殉公战死将士的遗孤都收容起来，并进行培养，而且公平对待，所以本章开头就说“惠于宗公”——把恩惠施给了宗族公室，因此祖先和战死者的神灵，对现时没有埋怨、伤心和恫恨。

关于“刑于寡妻”句，过去解释为：文王为妻子太姒做了榜样。（“刑”作榜样解。王自己谦称为寡人。王妻即寡妻。）实在说，这个理解是错误的。且不说西周初期有无“寡人”这样的称呼，即使有，那也是王的自称。子孙后代赞美所唱的乐歌，绝不可能这样称呼自己的母亲或祖母。古今人情是一样的，显然这里说的“寡妻”是指那些死亡者的妻子。“刑于寡妻”的意思是说：太姒给那些死去丈夫的寡妇们做了榜样，这也使活着的其他兄弟们安心（至于兄弟），对于整个家邦的治理起了重大的作用（以御于家邦）。

第三章首句“雍雍在宫”，是说在宫中太姒使其保持了和睦融洽。文王有姬妾，在当时是照常的事。使宫中众姬妾保持和睦相处，也只有作为王妃的太姒才能起到这个作用，特别是当文王长期不在周国的时候，——史载“纣囚文王七年”，被放回不久就死了。

“肃肃在庙”，是说太姒在宗庙里严肃庄重。西周初期尚有母系社会的遗风，不像后来那样歧视妇女，妇女不得进入宗庙。所以，当文王长期在外时，由作为王妃的太姒来主持宗庙祭祀和祈祷，在那时是不奇怪的。

太姒还做了有利于邦国的许多事务。不显贵的也亲临探望（不显亦临），也可理解为问题不明显时也到宗庙去占卜祈祷；无乞求的也给予照顾和保护（无射亦保），“射”为追求、期求，也可理解为忧患虽未发生也采取保护的措施。所以，大的怨恨不发生（肆戎疾不殄。“疾”为怨恨，“殄”为凶狠地发生），严重的虚假欺骗无空子可钻（烈假不瑕。“瑕”为瑕疵、空子）。

第四章是说，太姒培养造就了许多人才。只要有才德，即使不闻名、无人说话推荐的也都重用（不闻亦式，不谏亦入）。所以死去了的人没有厌恶（古之人无斁。“古之人”即作古的人，是对死去已久的人的称谓。“斁”，厌恶）。显然，这是接首章太姒公平养育了上百男孩而说的，因为那些作古之人的遗孤，不仅得到了照顾和培养，而且成了被人们赞誉的英才（誉髦斯士）。如此我们纵观整篇诗，开头说太姒“则百斯男”，结尾说“誉髦斯士”；前面说“惠于宗公，神无时怨，神无时恫”，后来说“古之人无斁”。首尾关照，前后呼应，全诗十分连贯。可见《思齐》，所叙述的都是太姒的事迹。

众所周知，文王死后，姬发继位，他继续文王的政策和策略，使用过去的大臣，牧野一战便打败并杀了商纣王，建立了周王朝。武王伐商，戊午日在孟津渡过黄河后向军队讲话说：“余有乱臣（治世能臣）十人，同心同德。”（《尚书·秦誓中》）其中的一位是太姒。武王称道自己的母亲是十个治世能臣之一，看来太姒不仅品德好，而且很有才干。其实太姒的贤能是在一定的历史环境条件下显现出来的，主要是周文王曾被商纣王囚禁七年（《左传·襄公三十一年》载：“纣囚文王七年”）。——笔者在《商周断代新考》一书中论证：文王先后共在位五十年，第四十二年称王，为文王受命之一年，三年被商纣王囚禁，九年放回死于丰京。武王于受命之十年继位，十一年“东观兵孟津”，十三年伐商，甲子日牧野一战杀了纣王。文王被商纣王囚禁的事，是人们所熟知的，但却忽略了一点，即有长达七年之久的时间，同时纣王还制造罪名烹杀了文王的长子伯邑，这就使周国处于十分危险的境况之中（这个情况自古及今一直没有被人们注意到）。可以想象，文王没有去世，仍然是周国的首领，但长期被囚于遥远的敌国，而且太子又已被杀，国内实际上是群龙无首，在这种状况下，极有可能出现争权和族群分裂的现象，宗族公室的团结和稳定就成了首要的重大问题。姬发虽继为太子，却处于一种微妙的地位，因为文王仍然在世，处理政事必须以文王的名义去进行，许多事“不敢自专”，至少说要与王妃（又是母亲）“知照”一下，得到帮助。这就是太姒当时所处的重要地位，其作用也是其他人所无法替代的，特别是宫中当男主人长期不在，就难免要发生一些问题，但太姒处理得很好，所以，诗中特提“雍雍在宫，肃肃在庙”，进行歌颂。我们再读《大雅》的第二篇《大明》所说：“于周于京，缵女维莘，长子维行，笃生武王，保右命尔，燮伐大商。”诗文和上述历史情况结合起来看，其本义就十分明白了，是说：在周国保持和继续文王事业的维有莘女，她的长子虽然大行离世（古人称死而未葬为“大行”，伯邑是被纣王烹杀的），但还生有一个武王，在她的保护和支持之下，武王得以协和其他诸侯，征伐强大的殷商。显而易见，当时周国内部的团结稳定，太姒以其身份和行为起着重大的作用，应当说这就是周人专篇歌颂太姒的缘由。

毛井根：毛苌与韶山毛氏之渊源关系

毛井根，毛苌70世后裔，现在浙江衢州巨化集团公司热电厂工作，中国诗经学会会员。寄来本文，请求指正。

毛姓家族常用“风雅诗宗，洁廉世望”这两句楹联来赞美家族中名人，表明为正宗毛姓之后，“诗宗”指的就是西汉时传《诗经》（毛诗）的小毛公毛苌。

在韶山毛氏宗祠门联写着“注经世业，捧檄家声”，同时于毛泽东这一支的毛震公祠门联也写有“声驰捧檄，绪衍传经”。这些无不表明韶山毛氏与毛苌有着直接的关系。

毛苌与毛氏家族

清光绪七年（1881年）湖南韶山二修族谱《源流记》载：“吾姓系出周姬文王子毛伯郑之后，世为卿，因国为氏。自毛亨、毛苌注经训诂，西河遗派，固深且远矣。汉晋唐宋迄明，莫不代有伟人，光炳青史。考其源根，历历可据。承其年代，派衍如珠之串，如蝉之联，不惟震惊一时，实足赫耀千古矣。”

毛姓是一个自强不息源远流长的古老姓氏，出自远古姬姓，为周文王姬昌之裔，后建立毛国。在周朝初年至春秋之际是周王室世卿，有毛公鼎铸铭于世。西河是毛姓最著名的郡望，其后有荥阳、河阳、北地等望。毛姓名列当今一百大姓之七十六位。

毛姓主要来源有二，出自周文王姬昌的两个儿子，分别形成于今河南宜阳和陕西岐山，均与毛地有关。

《通志·氏族略》云：“毛氏，周文王之子毛伯明之所封，世为周卿士，食采于毛，子孙因以为氏。”按此说，毛氏属于以邑为氏之类。但成书早于《通志》的《元和姓纂》则说：“毛，周文王第九子毛伯受封毛国。因以为氏。”这里将毛列入以国为氏之类。又，《广韵》云：毛本自周武王母弟毛叔郑，后以为氏。

综合以上引文可知，在西周初期分封诸国中的毛国，是周文王之子、周武王之弟的封国。受封者之一为姬明，是文王的第九子，为伯爵，故称毛伯明。据《辞源》多种辞书记载，伯明所建之毛国，在今河南宜阳县东北，一直延续到春秋时期。伯明曾在周朝任司空（负责管理土木工程建筑之官），为周成王的六卿之一，其子孙世为周卿士，他们以封国为姓氏，就是毛氏。

另一受封国者叫姬叔郑，《姓源》说是文王的第八子，为公爵，故又称毛公，叔郑所建之毛国，《辞海》称：“在今陕西岐山、扶风一带。遗物有毛公鼎。”“毛公鼎”系清道光末年在陕西岐山出土的。这说明西周晚期陕西的毛国还存在。叔郑的后代子孙以国为氏，就是形成于陕西岐山的毛氏。

毛氏家族大都奉毛郑始祖。毛郑为周文王第八子，在周成王初年被封于“毛”国，即今天陕西岐山、扶风一带。于是，他的子孙抛弃传统的姬姓改姓“毛”，此乃毛姓之起源。在周成王初年分封的72国中，“毛”国是一个小国，势单力薄，终因受不住长期的战乱和兼并而湮没无闻。故国虽失，但毛姓子弟却幸存而不断繁衍，并由西向东扩展居留区域。毛叔郑，西周初分封于今陕西岐山，后因动乱分封于今河南宜阳；至22世战国毛遂传“毛遂自荐”千古佳话，已移居荥阳阳武（今河南原阳），现河南原阳师寨乡路庄村仍有毛遂庙。另一说在山东滕州官桥；至40世毛苌家传《诗经》（《毛诗》），与毛亨合称小毛公、大毛公，已移居今河北河间地域。

魏晋南北朝时期，中原姓氏纷纷过长江南迁。大略也在这一时期，中原毛姓也向江浙一带迁徙。据浙江衢州《清漾毛氏族谱》记载，至毛郑第45世孙毛彪、毛介、毛炳兄弟三人，其中毛介为三国魏尚书仆射，治典举，清廉雅正，为陈留平丘（即今河南长垣、封丘一带）人，《长垣县志》有传；至52世孙晋代毛宝为武（今河南原阳）人，因45世孙毛介等为陈留平丘人，故浙江衢州《邑前毛氏族谱》又称其为江南毛氏一派祖。荥阳阳武（今河南省原阳县）人毛宝渡江后，跟随东晋江州刺史温峤（288–329）参与平定苏峻、祖约之乱，以功封州陵开国侯，食邑一千六百户。其孙毛琚（282–329）也因军功封归乡公，食邑信安（今浙江衢州），“子孙即家焉”。从此，毛姓在衢州（境内有三衢山，故又称三衢）定居下来，并成为江南毛姓主系。

湘江江山《清漾毛氏族》录有《晋领义阳河东诸军事使、持节片虏将军、豫州刺史、州陵县开车侯毛宝序》：“予十三世祖苌为汉献王博士，生庆；庆为司徒，生馥；馥为荆州刺史，生榄；榄为汉阳太守，生华；华为北海太守，生彪；彪为散骑常侍，生崇；崇举孝廉，生宗；宗为少府监，生象；象为城尹，生泉；泉为晋鹿令，生干；干为侍中郎，生班；班为上计史，生宝。予四子：穆之、安之、俊之、继之。”这表明毛宝为毛苌13世孙，而毛宝为江南毛氏始祖。其孙子毛琚因食邑信安（今衢州），则被尊为浙江衢州（三衢）毛氏始祖。毛宝第8世孙毛元琼于梁大同年迁徙到今江山市石门镇清漾村，为清漾毛氏始祖。

北宋初年，衢州毛姓一支迁往江西吉水龙城。如今，在江西吉水龙城往西约4公里，有一个村庄叫铎塘村，又叫三里毛家村。全村一百多户人家均姓毛，为龙城毛氏的后裔。那里保存有一本1919年修的《铎塘毛氏重修族谱》，其中《龙城毛氏始事录》这样写道：“始祖讳让，字伯逊，行十一郎，世居三衢，由南唐大理评事擢工部尚书。长子休，官至银青光禄大夫、国子祭酒兼殿中侍御史，出守吉州，迎尚书让及夫人薛氏就养官署。次子任衢州到江西吉水，是因为毛让子毛休在吉水做官的缘故。毛休乞求将父亲让接到龙城，毛让遂成为吉水毛姓始祖。毛让殁后，葬吉水仁寿乡九都院背，距龙城约2公里，另据《吉水县地名志》云：“毛休、毛任兄弟，北宋建隆壬戌年（962）由浙江衢州徙龙城。”

铎塘谱的记载又与浙江衢州毛氏族谱相印证。三衢《清漾毛氏族谱》自北宋毛渐至民国十六年（1927年），凡修10次，每次都在第一卷刊载世系图表，载明毛让为毛琚、毛元琼后裔。三衢《龙游行毛氏宗谱》及《邑前毛氏宗谱》也有同样记载。

江西吉水毛姓来自浙江衢州是不争的事实，而韶山毛姓发脉于江西吉水也是历历可据的。韶山毛氏族《源流记》载："吾族派接西江，自宋工部尚书让，世居三衢，生子休公官至银青光禄大夫、国子祭酒兼殿中侍御史，出守晋州，迎尚书让公就养，占籍吉之露水龙城家也焉。二十一世传至伯温公，官太子太保、户部尚书，实属西江的（嫡）派。而始祖太华公位下书载：元至圣年间，避乱由江西吉州龙城，迁云南之澜沧，清一、清四官楚，居湘乡北门外绯紫桥。十余年后，清一、清四复卜居湘潭三十九都，今之七都七甲韶山，开种铁铍等处，编为民籍。"韶山毛氏家族奉毛太华为始祖，而毛太华的简历在江西宗人来访时所执谱中已有明确记载图，于此足见韶山毛氏家庭与江西吉水毛姓之渊源。

毛太华并非直接从江西到湖南，而是经历了一番周折。朱元璋、陈友谅为争取地盘，在江西展开激战，百姓纷纷逃难。在这种背景下，年青的毛太华不得不抛舍家园，远涉云南澜沧江卫（今云南永胜）。在云南，毛太华娶当地女子王氏为妻，生育 8 个儿子。他还参与了后来朱元璋平定边疆的战争，立下军功。明洪武十三年（1380 年），毛太华以军功拔入湖南，唯长子清一、清四与之偕行，定居湘乡（今湖南长沙）北门外之绯紫桥。此时的毛太华，已是风霜备历，垂垂老矣，故自称"隐君子"，以遣时日。数年后，寂然而终，葬湘乡绯紫桥道士山，后称毛家坟山。在定居绯紫桥 10 余年后，毛太华的两个儿子清一、清四再卜居于韶山。毛清四居留韶山冲，从此开始了毛氏家族在韶山的创业史。

韶山毛氏宗祠敦本堂有一副楹联："太极所生历钟瑞气，华胄出后定有完人"，寄寓了毛氏家族族人追宗敬祖、光炳祖业的儒家思想。毛氏家族世代相传，果然第 20 代子孙中，出了一位震撼世界的伟人——毛泽东。

由此可见，毛苌与浙江三衢漾毛氏、江西吉水龙城毛氏、湖南韶山毛氏一脉相传，毛泽东是毛苌的 68 世直系后裔，其更早的祖先是周文王姬昌。推算起，毛苌是毛郑 40 代后裔，而毛郑是文王姬昌之子，毛泽东就是周文王姬昌 109 世后裔。

毛氏家族文化

毛氏家族的先人自明初落旦韶山，便开始了艰难的创业史。一代一代的毛家人恪守耕读传家的传统，在与自然抗争，解决生存问题的同时，也逐步开发和积累文化资源。到明末清初，名重乡邦的文化人屡屡涌现。

毛氏家族中曾出现过许多优秀的诗人，从全国毛姓来说，诗人学者的确不少：大小毛公、毛喜、毛友、毛滂、毛宗岗、毛晋、毛伯温、毛纪、毛恺、毛直方、浙中三毛（毛先舒、毛际要、毛奇龄）……韶山毛姓，自明初迁来，数百年中，主要精力用于开荒各地，随着基本生活条件解决，他们开始注意继承这个家族的优秀传统文化。

乾隆二十三年（1785 年），韶山毛氏家族建立宗祠，门首题“注经世业，捧檄家声”对联一副，遥祝奉汉代注《诗经》的毛亨、毛苌为先正，立志以诗书振家声。

在封建时代，科举考试的得失是衡量一个家族文化的重要参数。明末清初，韶山毛氏家庭相续有毛凤仪（生平不详）、毛凤来（1608–1688）、毛朝颖（1646–1693）、毛朝颂（1663–1699）等通过院试而泮，成为毛氏家族历史上最早的一批秀才。到乾隆年间，毛氏家庭又出现以毛尔达（1647–1760）、毛文桂（1987–1759）为代表的一批文人。毛尔达守其祖毛凤来之家学，“讲学授徒，孳孳罔懈”，成为家族文化史承上启下的重要人物。道光以降，毛氏家族的文化人更大量涌现。毛兰芳（1826–1892）、毛鼎宾（1844–1909）等绳其祖武，驰逞艺林，多所收获；奖掖后进，不遗余力。

明末以来的毛氏家族，俊秀迭出，文望日隆，到清末形成一个较好的家族文化氛围。毛泽东正是在这一文化氛围中度过了他的童年和少年时代，并在那些博学多才的家族前贤的引导下，步入国学之林，开始领略中华文化的品格和魅力。毛泽东从小受到家族文化的影响，从他的书塾老师到他的自习，无不有着传统文化深深的烙印。从他留在《诗经》《论语》封皮上的墨迹，可以看到他所受到的文化熏陶。从这个意义上说，追溯毛氏家族的人文历史，对于研究毛泽东的成长过程能带来一些新的启示。

著名歌手于文华《国学唱歌集——诗经》

为《诗经》谱曲是许多人的理想。古代有国家规划，当代民间也有音乐家尝试进行。2013 年著名歌手于文华偕同作曲者林媛女士，自北京来访夏传才，讨论这个问题。于文华意欲出一个“唱诗经”专辑。听她们试唱，有昆曲腔调。这件工作需更多人参加。于文华和林媛的努力值得赞赏。3 月林媛来电话说，她们已在北京搞了一个“唱诗经”的晚会，效果不错。这是一个良好的开端。据电传，篇目有：

◇ 于文华—小雅　鹿鸣

◇ 于文华—王风　黍离

◇ 于文华—桧风　隰有苌楚

◇ 于文华—秦风　蒹葭

◇ 于文华—唐风　葛生

◇ 于文华—曹风　蜉蝣

◇ 于文华—豳风　东山

第二辑　日本学人

世界汉学耆宿栗原圭介

栗原圭介博士（1913—2011），世界汉学耆宿，日本大东文化大学名誉教授。2005年出席中国诗经学会第二届国际学术研讨会，受聘为学会顾问，在中国山海关前与学会夏传才会长诗文论交。栗原先生近百岁高龄，一直孜孜于汉学研究，热心中日文化交流，支持中国诗经学会工作。兹选录其书简六封。

一

欣逢佳节，贵府兴隆，祈愿阁下幸运，中国诗经学会发展。接奉玉翰暨《会务通讯》，拜诵知悉8月桂林会议，感谢召请。1997.7.7—12将赴布达佩斯参加会议，而后亦希望参加诗经会议，尚祈请高教。又，谨悼小平阁下逝世。栗原圭介1997.2.20鞠躬。

二

6月23日大翰拜受，当于桂林会议领教。

伟大《诗经》，永劫不灭，每研读，对贵民族睿智至为敬服。承嘱在8月5日开幕式作10分钟讲话，惶恐再三，敢不领命。小生7月5日至14日参加汉学会议，归国后当奉呈讲话稿乞政。7月3日栗原圭介顿首。附近作一律，祈方家斧正。

寄故山

依然光景故山姿，乡老传言松柏知。
神树常荫幽绝境，天空长望二荒社。
西仰富岳出新月，南眺函峦留旧址。
自古居民皆慕德，灵验无尽守村资。

三

“桂林第三届诗经国际学术研讨会”盛会，是世界学术史上稀有之庆事，同学硕儒齐聚桂林，披露历年研究成果，惠泽学林，推动斯文之进展，亦见贵先生学德感召所致。桂林胜景之地，其中芦笛岩巨大钟乳洞，上下四方广阔，仰观钟乳将落弗落，吾未曾见如斯壮观也。漓江碧流生白波，左右两岩奇峰竞耸，卓然雄姿，忽焉去而复现；我忘时迁而瞠眙，兴趣无尽。先生赐我以鸡血玉石铭章，篆刻余姓名，实为无上荣光。恪述谢辞，谨表微忱以酬云尔。1997丁丑夏8月中浣6日栗原圭介鞠躬。

夏传才回信说：“先生道德文章，国际汉学界共仰。此次以八五高龄，万里来华，感盛情者，我也。忆桂林别时相约，1999

年再见，先生长我一旬，愿天假我们健康，于本世纪之末，相携手登泰山观日，谒孔庙朝圣，不亦乐乎！即颂多福多寿。”

四

肃拜。于济南市舜耕山庄第四届诗经国际学术研讨会多承照拂，感念厚情。为余之论文著述，加之ICANAS（此国际会议，International Congress of Asian and North African Studies），自1976年以来每次会议研究发表。贵先生不嫌愚昧，是颁赐特别荣誉奖，奖状和奖杯，至为感铭。尤感者，得与阁下同立山顶，绝景奇岩怪石，饱览山容。阁下赐以手杖，又赐以贵国名茶，衷心表微忱。祈阁下健康。

五

敬问贵先生健康如何？常遥祝贵体安好。拜诵华翰悉贵体欠安，不胜惶惶为念，祈努力加餐，以元气养生，创造新学说，使吾诗经同志奋起；读讯郑氏笺关雎序，知风教之义，莫不发愤兴起也。

前届于山东舜帝耕稼山房诗经国际学会研讨大会，与世界知名硕学相聚，聆受新进思想理论，获益匪浅。今拜领第五届诗经国际学术研讨会通知，欣喜谨谢，当于2001年8月7日到11日前往拜趋，兹奉上参加研讨之课题。再者，韩国诗经学会召请于11月17日—21日汉城会议，贵先生若与会，当又可聆教也。余不一一。栗原圭介再拜顿首。

六

见 2003 年 6 月 20 日秘书处编印《会务通讯》，拜诵第六届诗经国际研讨会延期通知。由于 SARS 疫情，北京、河北属于疫区，是以不能举行国际性学术会议，故会议推延到明年 8 月，此固理所当然。明年 8 月当拜趋贵学术会议，发表不肖小论，敬请教示。

敬悉夏传才先生八十大寿，颂贺诗经研钻多年功绩，礼赞南山春不老，只管久长，至健大寿，多康无穷，请祝夏教授功成焉。栗原圭介 2003 年 8 月 1 日敬呈。附一律致意，祈政：

寄故里想出馆

东都郊外产芳茶，老弱欢娱乐治家。
孝悌到今能自守，仁慈依旧又何加。
蒸蒸里仁布宽政，款款村人偕止邪。
新馆藏书资讲究，城西从此永亨嘉。

细谷惠志教授返日来函

您好。这次有幸陪随栗原先生参加诗经研讨会，得到各方面的关照，并聆听了许多学者发表的有深远意义的宏论，参加了研讨，对此由衷表示谢意。托您的福，我和栗原圭介先生都安全抵达日本，一直感念您的热情关怀。

我的论文能够由论文集采纳，真是太荣幸了。运用的中文词汇和语言有不确切的地方请代为修正。9 月 28 日在大学里遇到栗原圭介先生，他也说，他写的文章，也有不合现代汉语规范的用语，如“精神科学”应写为“哲学”等，类似的地方也请您处理一下。

我的会员登记表和照片二张，同信寄上，另通过银行汇上会费 15000 日元。我们谨祝您身体健康，工作顺利。1995.9.29。

日本国功勋教授、日本诗经学会会长
村山吉广六函

村山吉广（1930—），日本诗经学会会长、日本古典研究会会长。早稻田大学名誉教授，荣获日本国功勋教授提名。

中日合办桂林会议

这次中日两个诗经学会在桂林合办的诗经国际研讨会开得很成功，我们非常高兴。我们实在太麻烦您了，不知道说什么才能表达我的谢意。转眼间已过去一个多月，在船上和您一起照的照片，洗了一张。这是我最好的纪念。请收下。随信寄上我写的文章《桂林山水记——写于诗经会议旅途中》，请斧正。文章发表在《日本经济新闻》报，是日本国内最大的报纸之一，有三百万读者，特别其文化栏的水平，闻名于世。

慰问夫人逝世

惊闻令夫人逝世噩耗，深感哀痛。几年前，我去石家庄拜访您时，初次会晤令夫人，当日她亲自包饺子款待我。对我来说，那天是特别值得回忆的一天。令夫人虽不幸离去，但她的音容笑貌犹在，至今也不能忘记。我本打算趁这次诗经研讨会去给您祝寿时，并向您表示慰问的，所以至今才写信。希望您节哀，多加保重。并请原谅我路远，不能前往慰问。村山吉广 2003 年 8 月初

退而不休

您好！您的来信收到。我一直担心您的身体状况，读了信后，得知您康复得很好，非常高兴。

我已于今年 3 月末从早稻田大学退休了，我的古稀纪念论文集也顺利出版了。感谢您为我的论文集写的序文。您的序文写得很好，我感到很满意。它为论文集大增光彩。

4 月末我的朋友和弟子们在东京帝国饭店为我举办了古稀论文集出版祝贺会，有二百多人出席，开得很盛大。

我退休后，被推荐为早稻田大学名誉教授，继续在本校担任课外授课，同时兼任日本中国学会顾问、日本诗经学会会长、斯文会常务理事。今后我打算安安静静地读点书，写点自己喜欢的东西。1999.7.5

夏传才八十大寿贺词

先生喜迎八十华诞暨任教五十周年，在此表示衷心的祝贺！作为中国诗经学会的领头人，先生是一位值得特别称誉的学者；同

时先生又是一位擅长诗文书画的极具才华的文人。

1995年我作为交换学者在北京大学做研究期间，与先生结识。当时，先生来到下榻的北大勺园，一起在附近的小树林散步、交谈。从此以后，我们的友情逐年加深。我也去石家庄拜访过先生，在先生的书斋里一起品茶，先生又陪我一同观赏当地的名胜风景。先生到日本访问的时候，我与日本的友人在东京的“笹雪”为先生接风，并一同在豆腐的发明者“淮南王”的匾额下摄影留念。

先生高寿，想必海内外的学者友人们都期待着先生更加活跃！我和日本的全体朋友们祝愿先生更加健康，寿比南山！

日本诗经学会会长、早稻田大学名誉教授　村山吉广　2004年8月

恭贺新禧

我于2000年3月末70岁时，从早稻田大学退休，至今七个岁月。今年12月9日，我迎来了77岁生日。学生们为祝贺我的寿辰，在早稻田的一家饭店里举行了一个聚会。

现在我编了《古稀退休以后七年》纪念的小册子。这是我过去7年中的活动报告。其内容是我的著作、研究论文、研究余滴、注、杂录、讲演活动和短歌等。

退休以来我每年在四个地方讲学。一个是国士馆大学中文系，一个是早稻田大学成人教育中心，一个是读书文化中心，还有一个是斯文会文化讲座。所以这些年我一直过得比较充实。

12月20日我在东京有名的圣路加医院接受了全身健康检查，

检查后，大夫对我说：根据检查结果看，一点问题都没有。真是很幸运。我感谢老天的恩赐，我希望以后也继续努力过一个笔耕不辍的一生。

随信寄去小册子和论文一本，小册子封面的画是内人画的。

村山吉广　2006 年 12 月 26 日

良师益友同游大好山川

近来可好？自承德一别久未联络，还望见谅。得知先生身体欠安，甚是牵挂。先生向来豁达，能泰然处之，实为幸事。人来世间一走，虽不求留名于世，但求能给后人留下点有用之物，以让后人知祖知宗，不致迷茫，使民族文化可代代传承，不致失传。若得如此，虽化为清风尘土，飘然而去，身后亦可无些许憾事。

先生经历坎坷，治学严谨，做学问与时俱进，学贯中西，兼通多科。执教半个世纪，可谓桃李满天下，于国家于民族，贡献良多。先生学富五车，但为人谦恭，实为楷模。有生之年能得交先生这样的良师益友，实为幸事。若时间允许，必将登门拜访，一叙为畅。燕赵大地，人杰地灵，我曾渡易水，访保定，亲感古人情怀。若能得赴先生处小叙，则打算利用余暇，采风古都邯郸，其时望能给予指点。

明年 8 月我将赴四川参加会议，聆听先生开幕之词，同先生携手游川中大好山川。夏日已至，火热之季，还望多加保重为盼。另，随信寄去《斯文》最新刊一册，拙文《承德纪游》和承德时所拍照片、我和内人济川岛旅行时所拍照片，请查收。

我曾于5月6日参加台湾大学国际学术研讨会，会议题目是“日本汉学中的研究方法”，我也做了以“早稻田大学的汉学研究方法——早稻田汉学和津田石吉的学问”为题的文章发表。研讨会上也见到了林庆彰先生。

村山吉广 2005年6月10日于东京早稻田大学玉川学园

大妻大学增野弘幸教授信

增野弘幸年年元旦寄来印有他全家照的贺年卡，坚持不懈。从现在照片看，他已不算是青年了。

在 8 月的学术会上，承蒙多方关怀照顾，在此表示由衷的感谢。会上听了很多发言，收获很大，非常高兴。您给我指出论文中的错误，对我来说太珍贵了，我马上修改了自己的论文，今随信寄去，请过目。我实现了参加中国诗经学会的愿望，希望有机会再跟您见面。听说 1997 年将在桂林举行会议，现在我还不能用中文会话，我将努力学习，希望到那个时候，我的中文水平能提高到可以与您交谈的程度。请您多多保重。照片中是我的妻子增野爱子和我们新生的儿子。1995 年 10 月 9 日

长尾富雄在日本民间宣讲中国文化四函

长尾富雄（1932—）原是日本静冈县沼津市高等学校教谕。他热爱中国文化，退休后，61岁到中国留学三年，归国后在日本地方民间文化活动中宣传中国古典文学，撰写文章，开设公众讲座。曾撰写和印行《诗经随想》一册，作印发的讲稿。曾专程来访夏老，加入中国诗经学会，出席学会会议。后来又撰写《唐诗抄录》二册印行。这三本小册子都将《诗经》和唐诗的名篇译为日文进行讲析，印发给听众。

谈桂林会议观感

您好！这次诗经会议对我特别有意义，因为我能看到在国际上名望很大的会长，又得到许多诗经研究的资料，听到学者们发表多彩的言论，我不得不反省自己的浅学。第四天的诗词吟唱晚会上，一位乐师弹二胡，母亲和两位女儿吟诗。我感到中国是文明之邦，中国人的诗文素养幼年时在家庭就培育了。那小女童优美的吟诗声，至今还在我耳边回荡。

这一夜，我与韩国宋昌基教授同居一室，他到夜间 11 点钟仍在作诗。他的背影给我留下深深的印象，督促我努力。

谢谢你们的安排，会后我们游览云雾山庄等处。漓江的山水真美。我小时看过一幅南画，以为这样奇拔的山姿是幻想出来的，十多年前来桂林，才知南画是写实的。这次来桂林，觉得处处是画，美是看不完的。我感谢你让我参加学会。人生是有缘的，也是有限的，有机会请到日本来玩。

长尾富雄 1997 年 8 月 17 日

我做的事很小

接到来信和《会务通讯》，读后很惭愧。在贵重的版面上，介绍了我在很小的地方做的很小的事。我在黑龙江大学国际文化学院留学三年，最后一年学了唐诗和《诗经》。这三年时间是我的第二青春。丁香、桃红的芳香，广野的巨虹，冬窗的雪花，都给了我新的世界。

我爱围棋，常在朋友家度过愉快时光。去年春节，我在河北大学王燕桓老师家，并和经济学家孙执中老师用英语交谈（我用英语比用汉语好）。希望能如佛教的因缘，有缘和你交谈。

今年中国有很大的变化，“七一”香港回归了，可惜实行“一国两制”的指导者邓小平去世了，下个世纪中国在国际的重要性会越来越大。桂林会议，各国学人聚会一堂，建立友谊，交流学术，很有意义。筹备这样大规模会议不易，请多多保重。

撰《诗经随想》《唐诗抄录》

两年以前在东京，我们在一楼餐厅共尝美味，那时我觉得你有点儿累，以后听说你到台北讲学，佩服你的精神高昂。突然惊闻你在台北患病，动了手术，只有祝福你早日康复，好好休养。你繁重的工作，身体健康的人也难以承受，你病后依旧工作，真使人感动。你的七言绝句说："长年皓首穷苦经，夜半文章五更钟。沥血非谋名与利，中华赤胆一书生。"真和中国古代英杰一样。

我明年的活动还未分明，怕 8 月有点忙，若能参加张家界会议，我会很高兴。寄上新作两本小册子，比你的大著，这小册子不能称之为书。先搞的《诗经随想》写完后，短歌志的编集人让我再写汉诗的文稿，所以就写了这两本《唐诗抄录》。老师是中国学会的中心，请万万保重，健康长寿。（2000.6.30）

慰　问

收到东京大东文化大学卢燕丽教授的信，得知尊夫人病逝，不胜悲痛。回忆尊夫人温和的容颜，依然清晰地浮现在眼前，我不知道用什么话来安慰你，希望你节哀，莫过于伤感而损伤贵体。相隔遥远，谨以书信表示悼意。长尾顿首。（2003.5.5）

诚信的田中和夫书信三函

田中和夫博士，日本仙台宫城女子大学教授。日本诗经学会理事、编集委员会委员、中国诗经学会名誉会员。著有《毛诗正义研究》（日文著作）、《汉唐诗经学》（中文译本）。自从1993年中国诗经学会成立，至2010年第九届年会，17年来参加学会历届年会以及小型会议和考察活动。夏传才访日期间，他全程陪同。近因年老退休，难再来华。

谈桂林会议

田中和夫自日本仙台来信：

先生：您好！在这为时7天的会议里，感谢你们的照顾。我们到达桂林机场时正是夜间，蒙您专程迎接我们。这次托福能亲聆老中青许多专家的高论，我的收获很大。奇峰突起的桂林漓江风景，“山水甲天下”，真是名不虚传。与桂林风景相比，给我印象更深的是这次硕果累累的隆重研讨大会，以及令人眼花缭乱的欢迎晚会。今后我将在学术研究中更好地运用这次研讨会的成果，尚请时常指教。谨致谢意。

获奖感言

得知先生生病之后，一直担心先生的身体是否痊愈。这次在济南会议上见到先生雄风依旧，一颗悬着的心放下了。分别以后，先生的身体好吗？过了处暑，仙台却连日闷热，傍晚窗外知了十分聒噪。这次得到先生的鼓励，能出版论文集，实在感谢。翻看用汉语翻译的论文，好像中国专家的文章一样，欢喜又感谢。承蒙老先生关照，还荣获了中国诗经学会首届评奖二等奖。作为一个日本诗经研究者，我的研究还有不成熟的地方，通过四次学术研讨会，从中国学者那里，我学到许多有益的东西，对我今后的研究有很大的启迪与帮助。今后我要加倍努力，不使济南会议的成果荒废。敬祝您健康，并请珍重。田中和夫敬上 1999.8.24

谢序又索墨宝

拜读惠书，得知尊夫人仙逝已达 6 个月之久，不胜震惊，我表示衷心的哀悼。我早想报名与会，但直到现在还未写完论文，论文题目暂定为《诗经言语表现中的雅俗观》，您看如何？

今年 8 月的承德会议，既是学术会，又是您八十大寿祝寿会，届时能慨允拜谒，不才可得教益，无任翘望之至。以博士论文为中心，我的日文新著《毛诗正义研究》总算出版了。您百忙之中给写了序文，使拙著灿然生辉，感谢不尽。在此把这本书随信奉赠。香港蔡若莲女士编著的《夏传才诗声画影》画册出版，我由衷地喜悦。书里有您与我的合照，这对于我实属荣幸之至。又及，如果可能的话，您能否把给我写的序文中的诗挥毫泼墨，我想当作传家宝。初夏将至，请更加珍重。2003.05

宫胁弘幸教授来访返国

年前一别，思必先生一切安好。去年在石家庄调查，承蒙先生亲切帮助，深表谢意。经介绍，河北省教育委员会安排，从两名受到过奴化教育的人那里听取到了重要的证据。大学图书馆亦让我查阅了资料，必要的部分我已复印。这些资料对我的研究很有意义。

先生用心良苦，为我安排向年轻的研究生与研究者们演讲，这对于我是一次非常有意义的研究报告机会。我的研究是从社会语言学的角度提出一种假说，即如何把握世界历史中对殖民地实施的语言政策和语言教育。这种研究方法尚未确立，还须我进一步研究。在石期间，承蒙秘书曹先生的帮助，请代为问候。最后，祝先生身体健康，研究日新月异。并颂诗经学会有新的发展。

宫胁弘幸

2000 年 1 月 18 日

石川三佐男教授任秋田中国学会会长四函

石川三佐男博士，原日本秋田大学教授，中国屈原学会理事，中国诗经学会名誉会员，自 1993 年中国诗经学会成立大会开始参加学会活动，很少缺席。他治学以楚辞、出土文物为主，兼及《诗经》。其联系方式是寄赠其发表之论文刊物及电邮。2007 年退休。

盼望桂林见

拜读先生来函以及内容充实的《会务通讯》，感谢先生的厚情。第二届会议论文集出版，真值得庆幸，而且又通过邮件给我寄来，再次对先生表示感谢。

我本人工作的秋田大学教育系科正在进行再编改革，1998 年 4 月将要成立新的系（教育文化系），我近日天天忙于各种行政事务工作。我担任组建具体方案的实施、教学课程的计划、各种制度的制定，十分繁忙，几乎没有休息日。桂林会议的论文能否如期完成，很难预料，但我愿去参加会议，请先生关照。

如果能收到寄给我的朋友家井真教授的邀请信，那就太好了。关于我的论文集在中国翻译出版的问题，天津师范大学周延良先生愿意翻译，我已经委托了他。我的长女已远嫁豪州，今春二女儿进入仙台市高级专门学校。祝先生身体健康，盼望桂林盛会召开，与先生再次相见。（1997 年 2 月 27 日）

退休仍担任多种社会职务

原日本秋田大学教授、图书馆馆长石川三佐男博士来电告知：我已退休，但仍担任社会职务，日本道教学会理事、（日本）中国出土资料学会理事、全国汉文教育学会理事以及中国屈原学会常务理事、楚辞文献精萃汇刊编辑委员。现在的通信处（略）。

为中国震灾募捐

您好！好久未曾问候，非常不安。对贵国这次大地震，我表示衷心的慰问和吊唁。为了能够做一点有用的事，我正在从事募捐活动。

今年我因为担任一项国家事业的审查委员，时间冲突，不能参加 7 月陕西会议，请宽恕。我时常想念前年我去河北省省会访问您的情景，多谢您的接待。您高寿，务请爱护身体。附近年小文二篇，请笑览。

石川三佐男

2008.6.1.

新任秋田中国学会会长

石川三佐男近期注力于秋田中国学会的工作，2011年6月寄来《秋田中国学会50周年纪念论文集》，载有石川氏论文《古逸丛书的白眉〈玉烛宝典〉》，该论文集也介绍了秋田中国学会。该学会是日本研究汉学的学术文化团体，成立于昭和三十年（1955），每年例会发表中国学研究论文，并举行公开讲演，也致力于汉文教育，有时举行东北地区或全国规模的会议。该会第一任会长为田口福司朗教授（故），第二任会长境武男教授（故），第三任会长穴沢辰教授（故），第四任会长诸户立雄教授（故），现任会长石川三佐男。

卢益中入日籍改名芦益平

卢益中，原黑龙江大学中文系教授，赴日本九州国际大学任教，加入日本国籍，改名芦益平。

日本九州国际大学芦益平教授1996年6月8日信：去年北戴河会议大获成功，明年的桂林会议还望更上一层楼。给我寄来的《会务通讯》，我从中获得不少信息，颇有收益。这个小报办得很活，很好。对促进学者之间的交流、推动诗经学的研究很有作用。但愿能长期坚持下去。如果小报今后有关古典文学的研究范围再涉及得更广一些，就更好了。我仍坚持我的诗经民俗学研究，将带一篇新的论文与会。随信寄去《会员登记表》，请查收。

芦益平自日本来访

日本九州国际大学芦益平教授于9月1日来本会访问，此行目的是看望夏老并去河间考察《诗经》遗迹。由于夏老去北戴河开会，他在北京等了5天。9月2日邀他与叶嘉莹院士同去河间参观。9月4日芦教授在河北师大文学院作了《日本的中国文学研究》专题报告，然后经上海乘机返回日本。

大野圭介结婚报喜

大野圭介博士，日本富山大学副教授。

老师：我新近与大野夏爱女士结婚，寄上结婚照。我结了婚，开始过平安的新婚生活，妻子在药店工作，医药方面有丰富的知识，可以放心地维持健康。我读你的《诗经研究史概要》，写了一篇书评，已经发表在东洋大学主办的《中国文学报》上，今寄上，请一阅。（原文系日文，已由广西大学文学院院长李寅生博士译为中文，在内地发表，收入清华大学出版社新版《诗经研究史概要》增注本。）

徐送迎全家定居日本（二函）

徐送迎，原黑龙江大学副教授，赴日本新泻大学攻读博士学位，后即留该校任讲师，她把丈夫、女儿都接到日本，在日本定居。2003 年先后来两封信。

一

昨日收到诗经学会《会务通讯》，惊悉师母仙逝，不胜悲痛。拜读您致台湾赵制阳夫妇的信，信中您为师母撰写的风雨同舟一联，使我潸然泪下。师母逝世的事，我竟一点也不知道，没能去安慰你，只有恳请您多多保重身体。人们常说“人生百年”，您不是还年轻吗，您订个百年计划来写回忆录吧，您一生坎坎坷坷，见闻丰富，请为我们、为后人写一部大部头的世纪史回忆录吧。请振作精神，去迎接人生的第二青春、第三青春！（2003.4.19）

二

收到你托卢燕丽老师转给我的信，不胜欣喜。多谢你给我的书写序。书是日文书，你的序还是特别用中文排的。在这之前，曾给你寄过一信，大概早已收到了。恳请你节哀，倍加保重，为一个百年人生再大干一场！你说要辞去诗经学会会长职务，我觉得不影响健康的情况下，不妨继续担任此职，精神上的责任感与成就感，反倒可以减缓衰老，保持精力旺盛。日本有位八十多岁的女演员，一直没有中断舞台演出，体力和精力简直不像八十多岁的人。

我原本想回国参加大会和为你祝寿的，因为我爱人出国，女儿要考高中，暑假在私塾学习，我得留在日本陪孩子。真遗憾。为贺庆，我准备了一篇小稿，今寄上。今随信寄上一套日本夏季穿的传统和服，你在家里穿，比较凉快，因为是棉麻混织，商店的人说，洗后要熨一熨再穿，日本人穿衣服，是非常讲究熨的。祝你健康长寿，寿比南山不老松。送迎顿首。（2003.5.25）

第三辑　韩国情谊

宋昌基：以文会友增进学问

宋昌基（1938—），韩国国民大学名誉教授，东方文化研究院院长、韩国诗经学会会长。1993年在北京大学访学，参加中国诗经学会成立大会暨国际学术研讨会。此后历届年会暨研讨会，以及地方文化考察活动，皆在韩国组团前来参加。为加强中韩两国文化交流，受聘为中国诗经学会顾问。2010年出席第九届年会，他说自己年老了，以后不能再来了。

1996年新春又至，真感时光如矢。祝新春快乐，万事如意，上帝保佑平安。我于1993年至北大访学，前往参加中国诗经学会会议，与先生订交。先生学识渊博，温柔敦厚，谦谦君子，折节下交。实有荣焉。

8月归国后一度住院休养，出院后校务羁身，致疏函候。回忆北戴河再会，以文会友，其情其谊，实在难忘，学问所得甚大，谨奉此函以表敬谢之意。韩国需弟效劳之事，随时告知。附小诗一首求正。（1995.12.24）

登山海关

千年战火化轻烟，携手欢歌上雄关。
山海同吟白鸥舞，和平友好代代传。

韩国国际诗经大会邀请信

夏传才先生：为弘扬东方文化，推进学术研究并加强国际友谊，本会与国民大学语文学研究所协办国际诗经大会学术会议。

素仰　先生学术业绩闻名世界　特恭请阁下出席本届会议。

会议主题：诗经之再评价

（1. 诗经文学思想；2. 诗经与表现技巧；3. 诗经与文学观；4. 诗经与中国学。）

会议期间：2000 年 11 月 17 日—20 日。

会议地址：韩国汉城　国民大学校　学术会议场

宋昌基私人邀请

亲爱的夏传才先生：久违闻教，想念为劳。

幸逢假期，特恭请先生到寒舍聚会，自 11 月 17 日至 20 日。如蒙惠赐光临，不胜荣幸。尤其受业小女若在汉城重逢，必定感激无已矣。弟亦甚愿晤面畅谈。不久将来在汉城相逢为盼。来回机票及停留期间所有经费由弟负责。秋风多厉，珍重为佳。

敬请　学安

弟　宋昌基　叩

东亚学术研讨会邀请信

京畿大学国际学术研讨会筹备委员会定于1996年9月17日—19日在韩国汉城的新闻中心召开第三届东亚学术研讨会。为此特邀请阁下。

姓名：夏传才

地址：(略)

主题：中国古典文学的现代课题

准备发表的论文或论文提要，在6月30日与下面的地址联络，并把参加研讨会的答应书寄给我们。我们即将往返机票、会议住宿场地和研讨会计划给你寄去。会议住宿、餐食完全由我们提供。

有关详细情况或不明之处，可与筹备委员会委员长李文荣教授或筹备委员会干事林现义联系。

本组委会诚邀您参加第三届国际东亚研讨会(ISEA96)，会期：1996年9月17日—19日，会址：汉城。

如能到会，感激之至。希望在汉城会见！(1996年5月6日　李文荣)

京畿大学人文大学长孙大俊

夏传才先生：您好！丙子新年来了。全家都好吧！

我是韩国京畿大学人文大学长孙大俊。首先谢谢您参加我们筹备的第三届亚洲学术研讨会。关于开会，以后再送实行委员会名义的正式通知；可是今天为了您的准备，事先告诉您三件事项。

一、开会日期：1996 年 9 月 17 日（星期二）—19 日（星期四）。您发言的文学分组定于 18 日。

二、18 日开的文学分组的上午主题是“（在）文学上的世界性和地域性”。您发言的题目是“中国古典文学的现代课题”。

三、原稿：请用 A4 纸撰写十五张左右，1996 年 5 月 30 日以前寄来。当天发言时间是三十分钟左右。亦请寄来提要。

敬祝　研安

韩国　京畿大学　人文大学长　孙大俊拜上

1996 年 1 月 15 日

韩国金正和女士说：我真想到中国来

韩国庆北大学校人文大学汉文学科金正和女士7月20日来信。

您好吗，真感谢您寄来的邀请书，我跟我的丈夫崔东国真想去、也要去中国，可是突然发生别的事，不能去了，真遗憾。我不知怎样表达我的对不起的心情，请您原谅我们。我真想去中国，以后还有机会的话，我一定要去，那时请您多多指导。祝愿您健康，谢谢，再见。

高丽大学选用《十三经概论》作教材

李东乡教授，韩国著名学府高丽大学中文系系主任。在汉城国际诗经学术大会上，高丽大学汉文学科正选用夏传才著《十三经概论》为教材。据悉，他们选用的是台湾 1996 年出版的繁体字竖排版本。1998 年天津出版的简体字横排版本，因为简体字韩国尚未通行，所以未能选用。

您好！我是高丽大学中文系教授李东乡，通过赵凤翔教授得知在北戴河举行诗经研讨会，我很想参加这次会议，交流研究信息，拜访贵国著名学者请教。您的两部大著，很受我校师生欢迎，对我的帮助很大。您鼓励我参加研讨会，感激不尽，但我有要事未能参加，请您多多包涵。以后我有事情向您请教，请不惜教诲。希望我们建立联系，互相帮忙合作，您有机会访问韩国，请联络我。（1995.8.10）

文铃兰：不当教授愿当讲师

文铃兰，曾在台湾留学，获文学博士学位，回韩国后，任东海大学教授。2000 年韩国召开诗经国际大会。会后，东海大学邀请夏传才、赵沛霖以及台湾朱守亮夫妇往访。文铃兰和林奉仙两位女博士陪同游览了韩国各地。

上次老师寄来的信，我已经拜读了。一直拖到现在才写回信，请原谅。跟夏老师、赵老师在东海县见面之后，改年即 2001 年，我从东海大学辞职，搬家到汉城，现在母校（韩国外国语大学）教书，是讲师。我为什么辞掉教授职，这个决定不是冲动的，经过很久的考虑。简单地说，我是希望解决使我先生金旻钟九年来一直在汉城单独生活等等问题。这里的外国语大学学生用功，我也不任别的职务，所以社会地位由教授变成讲师，我还是很满意现在的生活。

金旻钟在明知大学教书，那里研究环境很不错，最近忙写论文。我女儿去年在新西兰读初中，住在新西兰我姐姐家，去年寒、暑假，我在新西兰住过几个月。她今年初中二年级，学习很认真。

老师现在身体健康吗？我还记得在江原道雪岳山的新兴寺前面，听老师淡淡地说起自己人生经历的情景。老师每次处理诗经学会业务时，经常记得我们，亲自写信，我们由衷地感谢老师的关怀。希望老师再次访问韩国，如有机会，请别忘与我们联系。敬祝万事如意。文铃兰敬上，金旻钟合拜。

韩国学者翻译《十三经概论》

尊敬的夏老师：老师好。我是今天下午给您打过电话的韩国高丽大学中国学研究所研究员金秀炅。我是从付星星博士处得知您的联系方式。以前只是拜读过您的大作仰慕您，这次有幸听到您的声音，与您联系，感到非常的荣幸。刚才通过与战葆红编辑通电话，才得知您刚出院不久，身体不太好。很抱歉突然打电话打扰您休息，衷心地祝愿您早日康复。

非常感谢老师欣然允许金承龙老师翻译您的大作《十三经概论》。金承龙老师嘱咐我务必转告您，因有了您的大作，他和他的学生们能够比较清晰地了解到十三经。他非常感谢老师为我们撰写如此珍贵的著作。有了您的允许，他可以更仔细认真地学习，也可以使更多的韩国研究者学到您的《十三经概论》。他想向您请教一件事情。他翻译的时候正把台湾万卷楼出版社与天津人民出版社这两种版本比对着看。老师觉得应以哪一种版本为定本好呢？

这次担任翻译的釜山大学汉文系金承龙教授的简历如下：1967年生。韩国高丽大学国文系本科、硕士、博士毕业。2004、2008年，北京大学任招聘教授。现釜山大学汉文系教授。著作有：《韩国汉文学研究的新视野》（2005，合编）；《新民族文学史讲座》（2009，合编）；《古典的反逆（3）》（2010，合编）；《从古典中重新找到的人间温馨》（2012）；《古典的力量》（合编，2013）；汉文译注有：《18世纪朝鲜人物志》（共译，1997）；《松都人物志》（2000）；《乐记集释》（2003）；《梅泉野录》（共译，2005）；《三溟诗话》（共译，2006），《佔毕斋集》（共译，2010）等。中文译书有《牛棚杂忆》（季羡林著；翻译2004）；《留美幼童》（钱钢、胡劲草著，文汇出版社，2004；翻译2005），《中国传统译论专题研究》（吴志杰，上海译文出版社，2009；翻译2013）。金秀炅上（2014.2.24）

韩国诗经学会奉赠感谢牌

2010 年中国诗经学会第九届国际学术研讨会，夏传才辞去会长职务，韩国诗经学会会长代表全体会员，向夏老师奉赠精心定制的盒装感谢牌，文曰：

夏传才教授：您对国际诗经研究及交流活动，又在韩国诗经学界做出了重大贡献，韩国诗经学会全体会员特赠此牌以表示谢意。

第四辑　美欧飞鸿

林中明：旧经典活智慧十函

林中明，华裔美国人，自号"太阳里人"。原是电机工程师，在美国激烈的电子晶体管工业竞争中，有个人发明专利35项。1998年卖掉硅谷的公司，从事中华文化传承以及与现代科技相结合的实际工作，任美国加州张敬国学基金高级研究员，被推选担任华美艺术家协会会长、北加州作家协会主席、中国诗经学会顾问。著有《斌心雕龙》《诗行天下》，善习诗、书、画、印；曾多次来访夏老。十余年来，邮电联络不断。

林中明返美寄来诗画

恭贺张家界大会成功，只是让你太辛苦。此次大会能亲聆指导，受益极多，多谢提携指点诗道，附上大会吟诗六首及芭蕉画一张，给你开怀一笑。自8月张家界一别，转眼将近年尾，期间因工作奔忙，于前日方返还美国。匆此整理论文稿一并电脑软盘寄上，供论文集出刊之用。另外附上在台湾期间咏写芭蕉诗画二纸及《古人如晤》五古一首，供你饮茶时消遣。诗经学会的《会

务通讯》也收到，得知会况并见各位学者诗作，真乐事也。敬祝健康多诗。（2010 年 10 月）

为山谷道人苦简赋配图注

夏会长：收到诗经学会因非典而延期明夏开会的通知，已去电航空公司取消行程，明年夏天再向您请益。今夏处处炎热，我抽空去台湾，讲授《禅理与管理及创新》，闲中为山谷道人的苦简赋，写了一首小诗，配了幅小图和短注，寄上给您消暑：

山谷道人忠良士，才大志洁反成祸。
游离贬辱心中苦，戏向简中寻快活。

呈夏传才教授暑中解闷消暑之用。癸未岁六月廿九日后学林中明敬上

为夏公贺寿

大函收到。恭喜你 50 年教学和八秩大寿同年晋至。晚辈因时间赶不及为您专撰贺文。乃以诗为贺，或不失诗经之雅颂古意也。因电传不通，致以信寄，并附上支票美元 500 元为您的画册致意。此外家兄临危受命，或有助于两岸之和平也。我也以一首吊清华三杰诗贺勉之。习作《旧经典活智慧》承您雅赏推荐，在此致谢。

辛巳九月二十六日余客旅新竹，夜观孙立人传记影片，慨然有岳武穆夜宿武侯祠读出师表之恸，因作诗释怀并吊先人，兼与大兄中斌共勉，庶几不坠先贤之志也。成诗曰：

芦沟烽烟平地起，清华三杰奋从戎。
崇海出云立人系，林公文奎郁没终。
自古英雄多遗恨，夜看流星划长空。

又，贺夏公传才教育学子50年，不亦快哉：

老子不出关，廿年话诗经。
作诗五千首，纵横古诗经。

癸未年先生寿逾八秩，一身而为天下法，匹夫而开世纪诗，是可敬也。晚林中明敬叩，癸未初八于加州太阳里。

论诗画

得知您的《诗声画影》纪念画册于8月大会面世，很高兴。我的习作附骥于《诗经研究》第五辑，也要向您致谢。月来“非典”扰人，希望您居家保重。附上两篇有关陶、杜的论文，请指正。页后附一小诗《题睡莲池景图》：“梦来弄彩笔，画有大如池。横空捕云彩，有莲便成诗。”莫奈，法国之印象派大师也，其水莲画作朦胧梦幻，虽画而实为诗也。杜公，则中国之诗圣也，其诗多方不拘一格，观其汉陂诗二首，实为画也，而又开现代电影蒙太奇手法焉。附上莫奈画，惜照片无彩色耳。林中明癸未四月十四日。

来华参加会议

《诗经》陕西洽川研讨会的活动，登在海外华人第一大报《世界日报》的头版彩色边栏，并有面花彩色图片介绍。闭幕式和您在洽川讲话的几个要点，也登在3月底的海外《侨报》上。这是一次相当成功的文化研讨会，恭喜您及协办洽川《诗经》研讨会的陕西各单位，有你领导，有国际合作，导致大会成功。只是很可惜，我在忙写两篇论文，未能赴会学习。

4月8日，我要去台湾师范大学参加国文系六十周年的汉学国际研讨会。《诗经》研究的前辈陈新雄教授，也将在会中做专题演讲，纪念潘重规老师的《诗经》学。我提供一篇论文《汉学的多面观与现代化——兼说梁启超、王国维治学二三事》，简略地报告我的一些探讨杂例。4月中，将赴湖北黄冈师院，参加“文选学、楚文化及李善纪念”国际研讨会。我匆匆写了一篇《真善美的创新与平衡：屈平、张衡、李善三典范》，以为大会交流之用（附上两篇文稿，先请您指正）。

8月《诗经》研讨会在即。希望您保重身体，四川大会再听您训诲。承您鼓励，还要继续努力。8月初赴四川《诗经》研讨会学习。论文拟题：“诗行天下：从《盐铁论》大辩论的引诗说起”，不知适当否？请您指教。再附《黄鹤楼暮春观景怀古》二首，您饭后消遣。

（2006.5.7）

连续做报告

我在网上看到您去年底到曲阜传授“治学之道”，很为那些学子庆幸，也为您的身体健康高兴。今天收到2006年底出刊的《会务通讯》（43期），劈面就是老中青三位《诗经》学者的挽讯，为之叹息。因之诗曰：

诗经三百篇，不朽三千年。
哀惜三学者，迁化三代先。

希望您还可以开一课，教导过于勤奋的学人，如何治学与养生。有小诗一首《丁亥三月太阳里人论养生之道》：

佳书补神与药同，古今千年气脉通。
满头大汗奔十里，不及静心弄笔翁。

我去年底到南台湾参加道教文化研讨会，做了《道教文化与科技创新》报告（文章发表在中山大学《文与哲》学刊），今年在美国哲学学会研讨会上做《汉字与易经在电影蒙太奇发明的影响》（英文）报告一，4月初将在台湾师大做报告《变与不变：魏晋南北朝儒道文化的反观与回顾》（文章已发表），4月中在台北书法研讨会做《现代书法“能与不能”》报告。

现在中国经济、文化都开始崛起，值得高兴。但各大学盖了高楼以后，真能在基础科学、数学、哲学、美术上开花结果吗？我想，这是下一个挑战。

杂学琐事，先向您报告一下，春日问候请安。（2007.3.20）

参加南京抗日航空烈士馆奠基礼

美国加州张敬国学基金会负责人、著名学者林中明先生6月10日电邮：

端午诗人节过得可好？我刚从台湾回来，家中的电脑可以顺利打中文，特此向您报告一下。我在台湾发表了两篇论文，颇受好评。1.《地理、历史对文化、文学的影响：从薛地到矽谷》，淡江大学，第十二届社会与文化国际学术研讨会论文集，2008.5.23–24）。2.《中华文化及汉字结构对电影蒙太奇发明的启示》（英文，2008“传统与现代书法国际学术研讨会论文集”，华梵大学美术学院，2008.5.31–6.1）。附上《地理、历史对文化、文学的影响：从薛地到矽谷》，请您指正。

四月清明节我参加了南京中山陵·抗日航空烈士纪念馆奠基典礼，并受聘为“建设委员”。可惜家兄未能被国台办批准参加，因为“政治考量”，耽误了“历史之行”。我写了一首四言诗，以四十行写历史和战事及追悼烈士，读者皆大动容。附上请您指正。现在开始撰写7月《诗经》会的论文。6月15交提要如大会要求。先向您报告并问候暑祺。预祝大会成功。晚林中明敬上。2008.6.10

高科技技法与艺术创作

知道您南下传播学问，身体健康，很为您高兴，也为中国“诗经学”的传播和承传高兴。

我这一年由于意外地担任“北加州艺术家协会”的会长，又主持了“四绝雅集”和“花之美”两个大型的综合艺展，所以都在忙艺展的事，也发展自己的艺术创作，以阐明自己的文艺理念。所谓先是“摸着石头过河”，然后“做了过河卒子，只有拼命向前”。尤其是“四绝雅集”这个集“诗书画印”于一体的综合开放艺展，要求每幅作品，包括油画、漆雕，都必须有诗，而且从诗到跋到印章，都要翻译成英文，以展现中华文艺的特色，而且用英文与国际接轨。这个工作量相当大，自己也练习双向翻译，并研究翻译理论。我正在编辑图文，10月可以出版纪念这一中华艺术史上第一个四绝齐集、中英对照的综合艺展。可以说是真正做到同时发扬中华优良文艺，也配合硅谷的“集成芯片”观念，而又“诗行天下”。附上一份刊登于台湾《中国语文》学刊，有关“四绝雅集”的简介，向您报告。因为这个文图档已近10兆，“花之美”艺展的报告，下次再寄上。

敬祝暑祺，并向新会长致敬，以及学会众学者和工作同仁问候不一。后学：林中明敬上。2011.7.4

附：硅谷办“花之美”艺术展览

《李白组曲》引人瞩目
林中明用高科技技法图片组合成图组

［2011年4月18日讯］（记者　吕海·圣塔克拉拉市报道）

美华艺术展基金会于4月16日至24日在硅谷亚洲艺术中心主办“花之美”绘画、书法及摄影艺术展览。本次展览标明“日本地震海啸赈灾”作品，七成收入将捐赠美国红十字会代送赈灾。

92幅参展作品中，涵盖了传统、现代与后现代的图画、书法、油画及摄影。参展作品来自基金会成员和外州及海外的艺术家。其中由美华艺术学会会长林中明创作的《李白组曲》最引瞩目。全集共9件作品，是林中明今年3月在一周内特意为“花之美”完成的新创作品。薄暮为底，叶树为前，两丛芭蕉叶背后显出一组竹叶和李花花苞，银月高挂。“月下怀李白，矽谷日暮云。芭蕉愧桃青，谁与细论文……”这是《李白组曲》中的一件入口。作者林中明介绍，此作品灵感源于杜甫的《春日怀李白》。松尾芭蕉是日本的大诗人，以俳句著名，但芭蕉最崇拜李白，因此别号桃青，表示对李白的谦卑。

曾是电脑企业家、芯片设计专家的林中明，拥有数十项专利，他表示，《李白组曲》和《寻芳六相》两组作品，图片组合成图组，可比芯片级电脑组机板，反映了硅谷的高科技文化。

林中明展出的图画《岭南木棉花》，背后也有一段意义深远的故事。祖籍广东的他表示，木棉花是广州市、潮州市、四川省攀枝市和台湾高雄市的市花，木棉树是福建省金门县县树，因为木棉树高大，超越其他树木，所以又被称为英雄木。香港已故歌星罗文《红棉》一曲，以木棉比喻华人的傲骨和当地民性的坚毅。林中明表示，今年是辛亥革命百年，因此把此书献给昔日英雄。

才女、侠女黄雅纯寄赠《南宁旧事》《纽约丽人行》

林中明先生的夫人黄雅纯女士，以笔名玄黄创作的长篇小说《南宁旧事》，由四川文艺出版社于2010年出版。《纽约丽人行》，由长江文艺出版社2012年出版。

雅纯女士出身于南宁名门世家，出生于台北，留学美国，获教育学双硕士学位，在美国长期从事中文教学工作，传播和弘扬中华文化、推进中美两国文化交流和友好交往，成绩斐然。雅纯女士不仅能文，亦写诗绘画，是才女，也是侠女。《南宁旧事》这部小说，以纪实与虚构相结合的手法，描绘了在清末至抗日战争胜利这半个世纪的历史过程中，一个家庭的主人公所经历的波澜起伏、曲折复杂的国事、家事、情事，情节动人，语言简朴而优美，可以拍成电视连续剧。

《纽约丽人行》集合《寻找玉兰花》《红白罂粟花》《鸽城》三篇中短篇小说，讲述海外华侨的情感生活。《寻找玉兰花》描写静华的女儿丽雅在纽约中国城意外地买到了玉兰花。在丽雅的记忆里，母亲头上一直戴清香的玉兰花。故事便从玉兰花开始……《红白罂粟花》的莲妮本是个纯真率性像男孩一样不会做作的女孩，但到了12岁时，从生理上了解到了男女的不同，不由自主地开始默默喜欢大她6岁、一直视他如妹的罗谦。于是，对罗谦的爱和对唐诺的爱代表了两个迥然不同的莲妮，白色的和红色的。《鸽城》中的恬欣住在大都会纽约，厌倦了高度的商业文化，弃商学教育，到了一所下东城移民子女很多的高中，由此编织而成错综复杂的人与人的故事。

英国老汉学家霍克斯伦敦乡下养病

英国资深汉学家霍克斯（Derid Hawkce）先生是著名的《诗经》学者，20世纪50年代，在西方关于《诗经》翻译的雅致化和精确化、韵译和散译的讨论中，他就曾撰文称韦利的英译译笔雅致、生动，是文学作品应持的译法（译自中文，载于《碰撞》5卷1期，1995年7月）。对于本会邀请他来华参加国际学术研讨会，他来信说：

多谢你们的邀请。很对不起中国朋友，我年老了，眼花了，脑子不好使了，在乡下养病。祝你们的会开得好，把好消息告诉我。

美籍华人吴少达研究诗经开新路（五函）

吴少达，笔名焉尔生，美籍华人，原美国尼布拉斯加大学、加州大学旧金山分校教授，退休后专心研究《诗经》。他研究的新路子，是用河洛语（今闽南语）来考察《诗经》的声韵，力图对词义、诗义作新解。2002年加入中国诗经学会，偕同其夫人许毓玲女士多次来华参加学会学术会议和地方文化考察活动。兹选其信函五件。

撰写《诗经的洞天》

今悉中国诗经学会将出版发行《诗经要籍集成》，非常兴奋。敝人在海外钻研《诗经》已有数年，侥幸发现《诗经》的语言与闽南话有极多相似之处。闽南话被誉为古代汉语的珍贵“活化石”，至今尚保留着“知焉不知焉”、“焉尔乎”等许多周代的疑难词句，（我用它）解通了约一百首诗，曾在美国的中文报刊发表了数篇文章。现寄上两篇，敬请批评指教。敝人正在撰写《诗经的洞天》一书，渴望研究《诗经》的同志不吝赐教斧正，俾使《诗经》研究能够开辟一条新路。倘蒙赐教，不胜感激。并请贵会告知订购《诗经要籍集成》及参加诗经学会的办法，谢谢！

附寄的以“焉尔生”笔名发表在美国《国际日报》(华文)国际副刊的两篇文章，都以《诗经的洞天》为总题，分别解释《匏有苦叶》《扬之水》和《江有汜》，用河洛语，亦即现今闽南、台湾方言，来解释诗中一些词语的本义，使文义豁然贯通，故吴君乃称发现了《诗经》的“洞天”。

以河洛语研究《诗经》

谢谢河间集会的盛情招待，会议非常成功。会上识得几位教授，通信讨论《诗经》的疑难问题，集思广益，得益良多。寄上拙作《邶风·击鼓》一篇，向您请教。因为一般的见解，没有认识到这是男女二人唱的歌曲，不能表达此诗的精神；不知诗中是丈夫乘马出发而译作到林中找失马，与下面的“执子之手”“与子成说”不能贯联。拙作特别强调这是夫妻对唱，加入应用河洛语词的解释。这样的解释是否适当，敬请您赐予指教是幸。

诗经学术会上多蒙指导，很是感激。河洛语与《诗经》的关系，以前未曾有人探索过，我侥幸发现，但学识浅薄，常恐犯错，不敢贸然成书。近作《齐风·卢令》与一般解释不相同，请您过目，指导是幸。代向秘书处各位致贺新年快乐。(2003.12)

“舒”字解

收到《诗经研究丛刊》第五辑，很高兴看到拙文。

《诗经》的“舒”字不作“舒缓”解，清马瑞辰的《毛传笺通释》里有详细讨论，引了很多例子，如《小雅·小弁》“君子不惠，不舒究之”，《大雅·常武》“王舒保作，匪绍匪游”等，我忘了引入在《野有死麕》的附注内。“舒”解作“很”、“非常”则可通。欣闻国内非典疫疾完全消除，可期今夏盛会一切顺利，当面再向各位请教。（2004.1）

谈《卷耳》

诗经学会秘书处各位惠鉴：谢谢各位历年来对诗经学术的贡献，在此致敬。寄上拙解《周南·卷耳》“我马”探讨。《卷耳》篇有不少闽南语的俗话，这些俗语可以追溯到上古时代。《诗经》遭秦火而全者，主要是靠讽诵，但后来记录的人，已不谙周语，因此失去了意旨。《卷耳》四章诗中三章在写马病，这是不合情理的。我用闽南语解析，“马”是个双义词；其他有的词语用闽南语，也与今人的解读不同。我用闽南语做新的译析，敬请审查是幸。（2006.9）

谈闽南语与《诗经》

谢谢夏会长及秘书处各位历年对诗经学的贡献，在第八届会议上，受到各位的关怀，很是感激。我因为到达会址时，已过午夜，加上时差的日夜颠倒，及年事已高，不胜疲累，因此游览活动均未参加。可欣慰的是我的论文报告和讨论，得到大家的赞许，不虚此行。更高兴的是认识了上海大学的谢德胜先生，他是闽南人，了解我所讲的闽音和古音的细节。这届会议，我想请他一同合作，编写《从河洛语释解诗经假借字及双义词集本》。合作可使河洛古语研究诗经扩大发展，不再是我一人绵薄之力可行。共同努力，更易得到各界的认知。诗经学会倡导诗经研究，影响广被全球，有目共睹，夏会长欲功成身退，敬致衷心的感佩！（2009.5.18）

美国芝加哥大学系主任夏含夷教授介绍《诗经》中“矣”字功能

美国芝加哥大学东方语言文化系主任夏含夷教授 Edward L. Shanghnessy，从北戴河归国后，寄来其论著《美国（上古中国）期刊的学术成果：1989—1993》，其中介绍了美国当代研究家、华盛顿大学名誉教授保罗·塞鲁伊斯的论文《诗经语言研究：语尾助词“矣”》，摘要如下：

本文批评了中国、日本及西方学者对“矣”的特定功能的不适当看法，诸如“矣”仅为语尾感叹词、时间标记等错误观点。作者认为“矣”的基本意义是表示命令或祈使。伴随上下文之内容不同，“矣”可以转换为一种“谓语性”或“陈述性”意味之标记，可以表示从属性的让步或条件分句，也可以在疑问或反诘语句中起某种特殊作用。作者并以此论证为什么对某些特定词汇应该采取新的评法，而对某些特定之字形应做新的解读。

越老时间越有限

夏先生：今年几乎全年都在英国，很少通信，对不起。知道拙文已经发表，很高兴。我觉得还没有写好，恐怕仍有很多问题，希望读者会提出来。关于明年的诗经研讨会，现在还不知是否能参与。重要的是时间，越老，时间越有限，写文章要时间。至颂研祺。（1996.3.10）

美国加州大学教授柯鹤立的信

美国加州大学教授柯鹤立女士 Cousrance A.Coor，曾参加第一届会议，1995 年 7 月 10 日来信。

夏先生：我很想念中国的老朋友，因为有事，不能参加这次会议，十分遗憾。我已经把会议的消息和材料，转给《古代中国》报，请他们发表消息。以后多联系。

法国马尼丹教授：开会是短时的，友谊是长久的

法国高等实验学院研究生院马尼丹教授来信。

最近我在学校和汉学研究所的责任太多，参加会议应该准备比较完整的文章，来不及了。知道您和许多中国朋友热情地等我，让我十分感动又非常不好意思。希望你们不要怪我，我并不是不想参加，而是不能。我很想了解诗经学的新情形，希望再有这样的一个机会，改年再来。开会是短时的，而友谊是长久的。

美籍华裔学者余宝琳女士

美国加州大学洛杉矶文学院现任院长余宝琳教授是美国著名《诗经》研究学者，闻名欧美。在西方盛行意象研究和《诗经》的意象研究之时，她的专著《中国传统诗歌中的意象读法》(1989)提醒西方研究者注意中西诗歌意象的不同之点。她提出：在中国，意象是诗歌本身独特性的标志，读《诗》如读《易》，从三百篇意象中常常可以引申出比喻意义、道德意义和历史意义。意象一直是中国文学批评鉴赏的中心。这本专著是西方诗经学的名著之一。近年，她担任美国加州大学洛杉矶文学院院长，工作繁忙，无暇撰写论著。人不能到，用论文参加，也是对学术会议的支持。

中国诗经学会会议收到柯鹤立女士带来的余女士的论文《语言·象征与诗经》(已载于会议首届论文集)。她认为：

西方学者把三百篇统统看作寓言之作，是不确切的，alegory是延伸的比喻，含有具体的表面的意义，又创造另一层面蕴含的另外的抽象意义，而《国风》中绝大部分诗篇，没有这种结构关系，只有一两篇（如《鸱鸮》）比较接近。她不同意西方解读《诗》时混淆“象征”与“寓言”这两个概念，把中国的传统笺注看作是“寓言解说”。

桂林会议上，毛子欣教授节译了她的《矣字新考与诠释》（已编入三届论文集），引起与会学者的浓厚兴趣。看起来谈的是《诗经》某些文本的不同英译，却可以看到一些解读与流行于欧美的瑞典汉学家高本汉译解多有不同。

《诗经》匈牙利文译本出第三版

中国诗经学会副会长、天津社会科学院文研所所长赵沛霖来信：

夏先生：匈牙利卢契基金会主席、匈牙利科学院院士杜克义（汉文名），应中国社会科学院邀请访问中国。他从北京顺访天津时，我接待了他，向他介绍了刚刚结束的诗经国际研讨会的情况。杜克义介绍他翻译的《诗经》匈牙利文译本，第三版由布达佩斯欧罗马出版社出版，累计印数12000册。

加拿大《诗》学近况

本会第一届理事、前北京鲁迅博物馆馆长潘德延先生旅居加拿大时来信：

遵照你的嘱托，我去多伦多大学联系，这是本地最大的综合大学，也是加拿大三大名牌学府之一。一共去了三趟，经办公室工作人员约好一位29岁的博士。据他介绍，一年前由他接替的一位教授中国古典文学的蒙古族老教授懂得《诗经》，但已退休。这位博士很愿意来参加会议。但参加国际学术会议一般都是由学校出经费，他想来，须系领导批准。第三趟去时，他说系领导给他布置了暑期任务，不能来了。据了解，目前加拿大教育经费紧张，东亚系教中国文学的原有五位教授，都退休了，只有这一位年轻的博士接班。看来近期不会有深造的诗经研究者。

加拿大皇家科学院院士叶嘉莹到河间参观

加拿大皇家科学院院士叶嘉莹女士，在参加中国第十七届中华诗词研讨会以后，与同时出席该会议的诗经学会夏会长，于9月2日一同到毛诗发祥地河间参观考察，受到河间市政府和人民的热情欢迎，在河间市住宿一宿。停留期间，参观了毛公书院、诗经村、君子馆遗址，浏览了诗经斋文物和藏书，因叶院士爱荷，故又往游白洋淀的荷花大观园。同行的有叶院士的博士生天津师范大学副教授曹庆鸿女士。

田国福，河北省河间市文化局局长、诗经斋主人，编有《诗经版本丛刊》46卷，齐鲁书社出版。

河间市文化局局长田国福来信：日本九州国际大学芦益平教授，经学会介绍来河间参观，他也参观了上述各处，由河间直接返北京后回国。特汇报如上。田国福上 2003.9.6

第五辑　新马越南友好

“海外奇人”新加坡周颖南相互通信六函

周颖南（1929—2014），原籍福建仙游，1950年赴南洋印尼，后定居入籍新加坡，创办同乐饮食集团、海洋纺织公司、周氏投资控股公司，均任董事长，为南洋工商界成功人士，著名儒商，被称亚太华商领袖。又历任新加坡作家协会名誉主席、国际儒学联合会顾问，荣膺许多大学名誉教授、文化社团或名誉主席或顾问等类头衔上百个之多，为海外著名华文作家，出版有《周颖南文库》30卷。北大季羡林称其为“海外奇人”。与夏传才相交20年，通家之好，经常联袂出游，年年月月电信不断，兹选数通。

周颖南来华参加国庆大典

传才学兄：我已按预定日程于12日晚回新加坡。此行颇丰富多彩，简单汇报如下：9月24日飞上海，参加25日举行的鲁迅纪念活动。27日华东师大为我举行顾问教授受聘仪式，设午宴饯行。28日应邀到北京参加新中国成立47周年国庆庆祝活动。原定10

月 3 日访南开大学，授我为南开大学台湾研究所特约研究员聘书。3 日访青岛、潍坊，旧地重游，变化巨大。7 日飞回上海，参加 8 日举行的华侨大厦落成典礼。9 日访复旦大学贾植芳教授。潘旭澜、唐金海教授来访。10 日访平湖，游览两百年前《红楼梦》出海处，我为之题“碧海红楼”，刻在海边巨石上，为此行留下深刻的印象。祝愿你出访顺利，专此即请近安。弟颖南 1996.10.20

夏传才致周颖南

颖南学兄：惠函敬悉，又奉北京来电。兄台每次来华多承电知，以图一叙，这份情谊，深铭于心。然接此电话时弟正即登车四下桂林，未克去钓鱼台拜晤，憾甚。桂林之行，会议诸事确定，当于漓江舱中相伴，共赏山光水色。大函对学会工作多有嘉许及对弟勉誉之语，惶愧之至，学会发展，皆兄台等贤达之士支持，众同仁努力，弟区区一老卒，何德何能之有？弟办会之旨无他，弘扬炎黄文化，加强国际文化交流，推动两岸和平统一，对此吾辈唯有奉献而已。办会之法无他，海汇百川，有容乃大，学有各派，世无完人，任何事业，正需江河不择细流之精神。至于具体办事，弟之失误者多，虑成者少，他日有机会当一一检讨，供继任者鉴。耄耋之年，人复何求，于世界和平与祖国统一能竭尽绵薄，即求心安。兄台应特邀参加香港回归盛典，参与了此一伟大历史事件，亦为吾兄幸。书不尽意，容桂林面谈。即颂撰安。弟传才顿首 1997 年 7 月 11 日

周颖南为中国震灾筹募捐款

5月12日四川特大地震，新加坡周颖南先生于15日立即捐款，并向夏传才来信：12日四川特大地震，令人触目惊心，遇难者家破人亡，损失惨重，令人同情。15日晚即通过上海海外交流协会以个人名义捐款。今天（20日）再通过中国大使馆捐款。我准备再用其他方式募捐款项赈济。今早我在中国大使馆留言："谨向四川特大地震遇灾的乡亲们致深切的慰问，祝愿大家万众一心，排除万难，重建家园，海内外中华儿女都会大力支援的。"研讨会在即，会见期近，为之兴奋不已。附近照2帧，请惠存。弟颖南拜　5月20日

周颖南：岁月留痕

岁云暮矣，风雨又多一年。一年来，倒霉事不少，可记录的事情也颇多。我像在暴风骤雨中前行。一分为二，倒霉事不谈，专拣好的讲。向前看嘛！大家开心。以此告慰海内外关心我的朋友们。

一、4月中旬，与夏传才教授相约联袂游览杭州、绍兴、奉化。访问浙江大学、浙江工业大学、中国美术学院，受到各有关领导的欢迎。夏教授在浙江大学作学术演讲。杭州"诗侠"钱明锵安排乘船游览他参与开发的西溪公园。在绍兴，访沈园、鲁迅故居。在奉化，游览当地风光。26日，与夏教授等同机飞往石家庄。经

河北省政协向地方安排，我们访邯郸和邺城。邯郸市政协主席王光龙亲自陪同，先访古邺城，再访曹魏旧都的“三台”（铜雀、金虎、冰井）遗址。邯郸是战国时期赵国国都，为历史文化名城。文化资源丰富，如女娲文化、磁山文化、北齐石窟文化、太极拳文化、古邺城文化、黄粱梦文化等。我们又参观赵县古代赵州大石桥、柏林禅寺，正定县的隆兴寺、开元寺、广惠寺及临济竺等佛教圣地。再回石家庄，参观于谦后代的石头村。应邀在河北师大商学院作 2 小时半的有关经济问题的报告，颇引起同学们的兴趣。

二、完成新加坡国家档案馆口述历史累计 10 多个小时的录音工作。北京红旗出版社、世界华文传媒年鉴出版的《永载中华——当代百业杰出英才卷》刊出包括扉页在内共 10 版彩印“当代中华文化海外大使——周颖南”的报道，同时全文刊出前国家文化部部长高占祥所作《情系文化，植根中华——周颖南》及图片 40 多幅。

三、5 月 27 日，率儿孙一行 14 人回福建仙游老家探亲访友，为双亲扫墓。实现我多年来的愿望，让所有儿女们都回乡看看，喝喝家乡水，品品家乡菜，体会家乡情。对我们的家族而言，可说是空前壮举。我们也访福州、厦门，与一些亲友欢聚。

四、7 月 4 日，接受新传媒电台 958 频道“名人堂”主持人王德明访谈。录音分为 5 次，在该台广播，每次 10 分钟，我撰写《文学是我的第二生命》答问文章。全文刊登香港《亚太文化财富报》。

五、8 月 16 日，飞往上海，下榻同济大学专家楼。出席 17 日由上海同济大学、上海市作家协会、中国丁玲研究会主办的第十次丁玲国际学术研讨会。我发表《从“文小姐”到“武将军”》的文章。会议进行两天，出席的学者：陈明、张炯、黎辛、严家炎、郑伯农、王鸿生、孙周兴、王安忆等100多人。

18日，参观上海附近的江南古镇——朱家角。

20日，移往锦江饭店。首先携自新加坡带来的“同乐月饼”访庄辛伉俪。赠上海图书馆、同济大学、上海作家协会《周颖南文库》各一套。华东师大教授钱谷融、徐中玉，在师大餐厅宴请，宾主尽欢。94岁高龄的老诗人周退密有诗纪之：“一别豫园十五年，中间消息两茫然。重逢喜见须眉古，秋月娟娟照盛筵。”“万里东来一棹轻，横空七夕见双星。愿君长作猷轩使，囊括心声与友声。”

六、10月12日，同乐餐饮集团在新华俱乐部设晚宴招待出席亚太华裔领袖论坛的全体来宾。13日，出席在新加坡新达城举行的“亚太华裔领袖论坛2007”与“环球商机论坛2007”开幕典礼。我致开幕献词。家萌获颁“2007亚太最具创造力华裔领袖奖”。14日，飞往马来西亚槟城，出席第十届中华饮食文化学术研讨会。16日晚回新加坡。18日，出席新加坡管理学院2007学会年会。我以主席身份代表院方致欢迎辞。

周颖南说：帽子多了不压人

传才学兄：8日惠书及诗碑照片奉到，衷心感谢。雷珍民先生书法很好，很有史晨碑的味道，我沾光了。与你结伴同游，是很幸福的事，再往何处游，请作建议，盼能促成。

最近中国行业发展中心传统文化研究专家委员会封我为该会终身荣誉委员，帽子多了不压人，我接受了。我仍贫血，正采取有效措施治疗，不久将能好转，请释念。弟周颖南拜上。2008年

8月19日。

夏传才复信：你别再上当了

颖南学兄：我从未听说过传统文化研究专家委员会这个团体，各行各业的朋友也没有人闻知这个联系13个国家科研、高校、组织庞大、影响重大的团体。我知道有的个人或几个人，花几千元就极容易在香港注册一个团体，任意挂上“世界”“国际”的牌子，自称世界科学院、世界作家协会，乱封官，封到科学院院士、名誉会长，还有所谓“世界名人录”等等，引诱人上当。我收到这样的信能装一麻袋，我全不理。再遇这样的事，你先问他：要钱不？要钱，千万别理。是否真正的团体，你先叫秘书上网查查中国民政部的网站，便知中国有没有这样的合法团体。封为“中国十大功勋人物”，这是绝对不可能，国家也不准许的封号。你我相交年久，才向你说这样知交的话。你把这段话让玉凤嫂看看，会知道这是知己朋友的话。你安心休养，暂时不宜远行。得空，我会带凤儿飞新加坡去探望你。

新加坡诗人张济川交往

张济川（1926–2012），原籍广东汕头，寄籍马来西亚，现为新加坡永久居民。曾任新加坡新声诗社社长、新加坡国立大学诗词研究导师。南洋著名诗人，当选中华诗词学会理事。1995 年为配合新加坡建国 50 周年，新加坡政府赞助，由新声诗社主办全球汉诗总会第五届诗词研讨会，邀请夏传才出席。夏氏因事未能赴会，寄去贺词。贺词被影印刊载于会议特刊和美国报纸。会议选举张济川任全球汉诗总会会长，聘请夏传才为名誉理事。同年张济川与新加坡国立大学中文主任林徐典同时填寄入会登记表，加入中国诗经学会为名誉会员。

新加坡新声诗社社长张济川三函

（一）承惠寄贺词并大著，收到，谢谢。大著扼要精简，对发展诗学确有裨益，使我中华瑰宝得以发扬光大。可惜此次星洲大会，台端未能远行，使东南亚年轻一代未能一聆伟论，深以为憾耳。此颂吟安。1995 年 9 月 2 日。

（二）弟将在本月 20 日飞沪，出席上海诗词学会主办之国际诗会，23 日飞成都，再下重庆访问，而后经由宜昌、武汉、上海回新。可惜行程安排仓促，但不知兄台是否亦赴此数地，能谋良晤否？星洲赴华，交通虽便，路程遥远，一次之旅，用费、时间皆耗费甚多，欲前趋拜谒，殊亦未易于成行也。但愿他日能聆教益。（1996.10.2）

（三）1999 年 8 月来华到山东济南出席中国诗经学会第四届国际研讨会，写《祝山东诗经大会成功十绝句》（选五首）：

由新加坡飞北京机上成

稳掠青天上北京，烟波浩瀚未堪惊。
须臾已过三千里，一击升空足下程。

注：予取道北京来鲁参加诗会。

由京乘火车到济南

燕京指顾入泉城，去国重寻梓里情。
荇菜参差留旧忆，神话处处动诗声。

赠诗经学会会长夏传才教授

寤寐求之久自期，五千里路寄相思。
多年缄札传深谊，把臂如今虔祝词。

国际诗经研讨大会上成

一堂济济聚群贤，此日泉城猛著鞭。

汉学泰山今古仰，中华墨客著鸿篇。

注：鲁地今古多贤，汉学泰斗皆聚于斯故云。

论百家争鸣各辟新径

阐述诗经各擅奇，百花争入发新知。
专家学者鸣未已，且借典化醉一卮。

同年10月张济川再次来华，出席中华诗词学会年会，他发言说：实现盛世兴诗，应该继承中华诗词的优良传统，从《诗经》开始学习其风雅比兴的艺术经验。返新加坡后，2000年元旦寄《［龙吟曲］龙年贺岁》一词，又修定《为中国诗经学会第四届国际学术会议题》一律寄来：

泰岱峨天柱山寺，诗经磅礴地维新。
优良传统千秋业，璀灿骚风时代珍。
八表黄苗吾道一，大千世界并此心。
寰球已报开新境，网上传真蔡蕾倾。

2000年2月25日来信

张家界之会，弟目前足疾不良于行，若届时痊愈，当同二三友好参加，拟介绍诗侠钱明锵与会，不必欢迎也。弟意我兄如有兴趣，不妨考虑明年全球汉诗总会可在河北某地举行。盖我兄亦本会名誉理事，有权主持全球汉诗会议。

2000年3月来华访问。飞沪，入武汉，赴西安参加西北大学与日中友好汉诗吟联大会，更访延安、咸阳、郑州、开封，同登嵩山，入少林，探华清池，后又访杭州、绍兴。行吟所至，创作甚丰，有诗寄来。他驻足上海时，诗人石坚赠诗曰：

击钵敲诗又十年，济翁风采胜先前。
全球汉诗高高举，寰宇诗声处处传。
乐向神州观盛世，还从古国颂新天。
尤钦此日新思路，既访西安又访延。

济翁依韵和诗曰：

建国欣逢五十年，重来沪渎访诸贤。
春寒更觉东君健，正气真期坠绪传。
大宇已开新世纪，中华喜见灿尧天。
四千里外诗朋聚，广袤寰球七届延。

张济川在杭州，即下榻于诗侠钱明锵“西溪吟苑”。8月中国诗经学会第五届国际学术研讨会在张家界举行，只有钱明锵前来，言及济川已病卧杭州。钱明锵回杭时，见其病势日益沉重，只得将其送往原籍广东汕头，由其亲属照料。2002年1月10日在汕头市病逝。张先生生平未婚，无子女。张济川逝世，全球汉诗总会只举行过张氏生前操持的一次研讨会，以后名存实亡，再以后名也消失了。

郑良树：诸子著作非一人之作

马来西亚郑良树教授是学者、诗人、书画家，曾于香港中文大学任教，2002年9月在香港，向夏老送新著《诸子著作年代考》（北京图书馆出版社2001年9月版）。

诸子著作，根据个人浅见，有些恐怕是多次、多人、多时及多地才续集而成。换句话说，有些子书恐怕不是一人之作，而是一个学派的集体作品，由学派中的第二代、第三代等不断搜集、制作、编辑，最后才续集成一部大书。在安书名的时候，就把学派祖师爷的名字题上去。有了这样的了解之后，我们对先秦诸子的研究，特别是对真伪的研究，就必须采取一种新的角度——以篇为单位，甚至以段为单位，逐段逐篇去考订观察。

书画集《百年书画二选》（香港中文海外华人研究社出版）收郑氏1998年以来之书画作品，《前言》说："笔者自幼有临池之好，大学时候受台师静农先生之启发，兴趣日浓；八十年代于台师鼓励下乃兼习山水画。……作书作画旨在自怡怡人。"本册收画33幅，皆附书诗或题词。其画，气象飞动，有诗意。

郑良树马来西亚来函

郑良树教授去年自香港中文大学退休，返回马来西亚，12月30日自南方学院来信：

“……《通讯》29期从中大转来，半年后始收到，惊喜交加。第六届诗经国际研讨会展至明年8月，如果允许报名的话，弟准备以海外南洋区学者身份参加，尊意若何？大马创作学会为筹募文教基金，弟捐了二百余幅字、画，并且出版一画册，他日将奉呈指教。一半字、画皆售出，成绩斐然。《通讯》赓续出版，对于《诗经》研究资讯的沟通，起了积极的作用，意义重大，精神可嘉，钦佩不已。祝八十健壮，九十再寿，恭祝万事如意。”

《诗经》越南文全译本译者四信说因穷无法出版

陈黎创，越南社会科学院室主任，同教授职衔，现已退休，从河内迁到乡间。穷困的越南文化人，工作、生活两难啊。

一

感谢你和各位对我工作的关心。我们的《诗经》全译正在紧张地进行，主要的困难还是财政之旧病。据我看，像这样的情况，加尽油，也还要一两年才能基本完成吧。《诗经》早这样说过："汉有游女，不可求思；汉之广矣，不可泳思。"

如果学会组织第三届诗经国际学术研讨会，望寄给我通报，这一次，我可能有去的机会。

二

……由于我这几个月身体很不好，这次诗经国际会议，我就不能去了。望你代向该会通报。我在病床做了几句汉诗敬送于你：攸攸诗经，系我心肠。寤寐思之，思之深长……

三

第四次诗经研讨会在山东召开，我很想念诸位，这是一次很好的学习机会，孔庙、孔林、泰山，更是我向往之地。可是我又去不了，因为科学院领导说：没有经费给我作路费。财政太困难，以后的会恐怕都是这样了。感谢你们把每期的《会务通讯》寄给我。

四

《诗经》的新越南文译本早就完成了，但是在越南没有办法出版，还是那个老病：财政困难。科学院没有钱，我个人的工薪很少，更拿不出2000美元出书。真的很惭愧，想问一问，中国诗经学会能不能给予帮助？不然的话，我快退休了，每月拿点退休金，得住到乡下去才能维持生活。费几年工夫翻译的书稿，就等于白忙了。

第六辑　台湾学术交流合作

陈新雄大师唱和论交十二题

陈新雄（1935—2002），字伯元，原籍江西赣州。诗人，学者。1949 年赴台，历任台湾师范大学荣誉教授、中国经学学会理事长、中国文字音韵学会会长，为章黄学派台湾掌门人，门生弟子遍台港。在美国有别业，台美两地居住。为夏传才好友，诗词唱和，邮电往还二十年。

诗词订交

石家庄诗经国际学术会议

陈新雄

乾坤事业始雎鸠，胜地良朋聚九州。
文学源头数风雅，百花开处识清幽。
萋萋采采群争秀，曳曳融融众竞啾。
应是鸡鸣终不已，吾华诗苑足千秋。

（1993）

浣溪沙·奉和陈新雄教授

夏传才

宏论初聆胜十年，先生名世信当然。诗经盛会庆因缘，
燕赵相逢惜时短。送君西去月娟娟。风摇花影总情缠。

满庭芳·岁暮有怀夏传老

陈新雄

抱犊雄关，淮阴功业，欣看北地风光。主人深意，诗学饰新妆。九域迎来胜客，逞才学人竞赛裳。欢歌罢，浓情厚谊，余韵尚扬。　　新词三阕到，回环络诵，应佩徐常。生涯昔沦落，痛断肝肠。大劫随魔共逝，此后弄春岁年长。应能见，波静海峡，天下乐陶唐。

第二届诗经会议呈夏老

陈新雄

石家庄里初相会，北戴河边喜再逢。
迷学人皆推子夏，传经谁不识司农。
九州髦士参幽冀，异域鸿儒自肃雍。
绝业重光心久折，公挥大纛作先锋。

（1995）

迎夏老来台

陈新雄

我公展翅破长空，北海南溟万里风。
握手蓬瀛花正好，高吟燕市气何雄。
传诗得趣西河夏，论道随东古室融。
青眼相看樽酒后，壮怀犹自欲腾虹。

（1996）

浣溪沙·参加桂林国际会议呈夏老

陈新雄

风雅频吹冠世贤，堂堂一老欲回天。雄图重振好留连。　　为挽狂澜扶既倒，欣然结伴共游山。诗经胜会盛从前。

（1997）

旅美返台来大陆

手教拜收。弟今年寒假因台北住屋老旧，雇工整个装潢。为避免烦嚣，乃与内人同赴美与儿辈团聚，3月上旬始返台北。复经历二十余日之整理，近日就绪始克作复，延误之罪向乞宽谅。此次在美，与逸兰谈及在石家庄与夏伯伯相聚时之亲切慈祥，彼犹印象深刻，难以去怀，托弟与公晤面时代为请安。目前逸兰在美国马里兰大学主修生物学。未能继承衣钵，不无遗憾，但今世儿辈前途，亦唯有任其自择，难以左右之也。留美期间适逢台北故宫瑰宝在华府展出，特往参观，填词数阕，录呈斧正。

长者垂爱，有遗在远，拜读华翰，亲如觌面。诗经学会，规模宏大，策划精详，然会务烦琐，多所劳神。尚乞为时珍重，为诗经增采，为文化增辉。弟今岁休假，初往在美华府近郊寓所小住四个月，为小女逸兰添购新车一部。儿女辈尚知孝顺，陪同旅游，亦颇得其乐。华府区域，华人甚众，藏龙卧虎，英雄豪杰，才人俊士，实亦不少。尝邀弟对诗词吟唱方面演讲两次，虽不敢说深受欢迎，确未令人讨厌也。返台之后，于4月底、5月初分别参加杭州大学古汉语古文献国际研讨会、北京大学百年校庆学术研讨会。兹录数首于下，恭请斧正，是所至幸。（1998端阳节）

为夏传才《题〈伯元吟草〉》改字

7月14日赴美，游加拿大落基山国家公园及温哥华岛后，于7月15日凌晨四时许抵美东寄寓，旋即卧病在床，整整十天，患肺炎，发高烧，咳嗽不已。后经延医治疗，虽已止咳，但必须彻底治疗，故于8月9日离美返台，今日赴荣民医院诊治，医嘱住院彻底检查，俟有床位，即住入院去矣。肺部之不健康，多缘积年抽烟污染肺脏之故，故弟亦愿以受香烟害之受害人奉劝吾兄，能戒除则戒除之，无须不舍也。

吾兄来诗，情真意切，至为感激，唯首句“初逢燕赵惊大才”逢平仄，弟意改作“初逢燕赵讶宏才”，则无不调矣。末句“先生何日驾舟来”，有驾舟起义来归之意，改为“先生何日破风来”，则无此误会矣，破风有破除困难之意，则病体不适，增多可括于其中，未知上当尊意否？

离美之前夕，华府书友社邀讲东坡诗学，弟以“乾锅更戛甘瓜羹的苏东坡”为题，作两小时演讲，深受华府书友社之欢迎，相邀年年为此会演讲，盛情可感，故亦赋诗一首以相答谢，又旅程中其他二首，亦一并录呈于下。

今岁济南盛会弟限于病体，未克与会，深以为憾，相信大会在吾兄领导之下，必定年盛一年，成功可待，实可预卜者也。专覆敬颂暑祺。

弟陈新雄顿首拜上　1999年8月11日

题《伯元吟草》

初逢燕赵讶鸿才，千首华章畅我怀。
对剑雄关阔心宇，同吟漓水步瑶台。
清词妙句蛟龙舞，桃李门墙花盛开。
宝岛遥遥云海外，先生何日破风来？

决意退休

上年12月29日华函，早经收到，吾兄多情，不忘旧友，远劳存问，并发电报，殷殷垂注，感何可言。弟在台北，家中尚好，无有影响。唯台中电厂爆炸，北部断电十天，无电日子，在亚热带台湾实非好过，最苦者，高楼大厦，无电则无水，一切现代化设施，皆无所用，而卫生设备无电无水，最不卫生；仅此一端，其况可知，然比之灾区，已在天堂之上矣。

今年 10 月，弟之《伯元倚声 · 苏东坡乐府》发行，门下诸生，为余举行一次新书发表会，情况尚称热烈。以古典诗词而办新书发表会者，台湾咸谓余为第一人。不知大陆情形如何？该书已奉寄吾兄指正，想早已收到。

弟因身体欠佳，故决意今年暑期退休，退休时，门下弟子将为我举行一次退休学术研讨会，届时《伯元吟草》亦将出版。小女逸兰屡承关注，至为感谢，今寒假过后，在马里兰大学四年级下学期，主修生物与英文。暑假毕业，她有意继续修习医学，然尚未决定。或者先工作一段时间再说。

阁下为桂林林叶萌母女出版《诗人之家诗词选抄》，诚大德事也。蒙林叶萌女士赠送一册。诗词境界若林氏母女者，实不多见，阁下眼光犀利，至可钦佩。专此敬请道安。

弟陈新雄拜上 2000/1/22

承接中国经学学会

弟自从承接中国经学学会理事长后，即积极筹划下次经学会议，弟已与主办学校商妥将于 10 月举办诗经研讨会议，届时当尽量邀请大陆学人前来参加。不过台湾新领导人因竞选支票兑现问题，将经费大量移作社会福利方面，教科文方面款项，相对减少；如经费无问题，定尽量推进两岸经学方面之学术交流。

专达顺颂研祺　弟陈新雄顿首拜上 2000/07/29

清华讲学

弟应清华大学中文系之邀，作两月短暂讲学，开两门课，一为上古音，一为东坡诗词。二者皆弟素所熟稔者，上课不必花太多时间准备，尚能应付如意。清华学生，十二亿人中之精英，素质甚高，孟子所谓得天下英才而教育之，今得之矣。顷得小女逸兰来信，谓若能安排妥当，可能在6月来北京探望我。石家庄北京之间距离匪遥，拜见我兄应不困难。且逸兰有意趁来北京之暇，往避暑山庄一游，如得老兄同游，此真好梦成真矣。弟月中赴苏州参加许嘉璐先生筹办的海峡两岸传统文化与现代化研讨会，弟将发表论文，届时内人亦自美来苏州与弟会合。在台多用电脑代笔，在此无打印机，所以只得用笔涂鸦，草草不恭，尚乞见谅。谨肃顺颂时绥。（2002.5.7）

河间之行与公相聚，深以为快。台湾前来之年轻学者见我公老而壮，为学术奋斗，尤为感佩。返台后旋接黄兆宽兄妹之讣闻，诗友林叶萌弃养，为之不愉者累日，因赋挽诗五首和词三首，一并奉上，敬请吟正。（2005年10月23日）

慰夏传才丧偶

传公教授道席：弟已于上月24日来美小休，与内人小女逸兰同处一屋，朝夕得叙天伦之乐。多年奔忙，亦稍息仔肩矣。在台北时，得尊嫂噩耗，尝作慰诗奉寄，谅已接目。尊嫂遽捐馆舍，闻讣怛切，惟恩义深厚，追悼割裂，哀痛难堪。地限隔远，未克奔诣吊问。幸冀省节悲悼，强食自珍，不胜区区。兄嫂近六十年恩好，此情岂易割舍？然万般追悼，于亡者了无丝毫之益，于身则有不赀之忧，不即拂除，譬之露电，殆非所望于明哲也。忝列至交，想必不讶。专肃恭请礼安。弟陈新雄率内人小女同拜上。又，龙庄伟君，升任副省长，年轻有为，闻讯欣喜，与兄同其踊跃也。若见面时，盼斥名问候。2003.2.18

附诗：

慰夏传老丧妻

携手同行六十年，往时艰苦共熬煎。
鼓盆难学蒙庄达，发笔还书潘鬓笺。
比目真悲中路折，双栖今叹独身眠。
拆开丧偶笺盈泪，欲慰先生语怎传。

自美来信论诸事

6月15日诗经学会延期通知及吾兄华翰均同时收到。今岁煞斯（SARS）所在华人社会流行，令人大起恐慌，几乎所有学术活动均已停顿。何以煞斯专在华人社会流行，此吾炎黄子孙不可不多加反省者也。或者卫生习惯不佳，或者公德心不著，想来必有其故也。弟尝有《煞斯》一诗，录请指正。

煞斯真可畏，四海竞惶惶。华夏尤猖獗，缘由在哪方。

今夏吾兄八十华诞，本应多聚好友欢度，奈煞斯猖獗何！今人九十以上乃至期颐者，比比皆是，所在多有，吾兄八十初度，虽可杖乡，然距期颐天年，尚有二十年也。来信所言稍感衰飒，弟以为不然，敢请吾兄宽心，诗经事务，方兴未艾，待吾兄十年领导，俾后起之秀，成熟接棒也。凡我文学之士，学优出仕，弟皆乐见其成，故许嘉璐、龙庄伟之从政，官越做越大则越好，彼所能发挥之影响则越大也。

古人云："穷则独善其身，达则兼济天下。"弟之一生，到此为止，独善可矣，兼济则正待龙君等也。龙君为吾兄高弟，将来有成，正吾兄之作育也。

广西诗人林叶萌不幸逝世，深悼其人，遭世不淑，备受摧残，而终不减其爱诗喜诗之情，创作不绝，且均为上品，不幸谢世，哀痛可言耶！其子女欲将其遗著并其子女之诗词，合为一集，取名《兰韵》，嘱弟为序，自不敢辞也，今将《兰韵·序》随函奉上呈正。

小女逸兰现已工作，觉银泉旧屋，格局欠佳，乃于各克维尔城购一稍大房屋，以与我夫妇同住。银泉旧屋，正等待出售中。新屋地址如下：（略）

以后来信，请寄上址。专肃敬复，顺候时祉

弟　陈新雄拜复 2003 年 7 月 1 日

荣获大师荣誉讲座

岁月易得，自〇二年一别，屈指算来，已逾四载，三年不见，东山犹叹其远，况乃过之，思何可支耶！今岁 4 月 15 日来函并第七届诗经国际学术研究会邀请函。诚如所言，明知弟不克前来参加，仍发邀请函。岂惟权作纪念，此份情谊，尤将永铭于心也。

今岁 4 月，因师范大学创校 60 周年，校方特成立一“师大大师——荣誉讲座”，国文系与文学院推荐弟出任此一讲座，对全校师生作一次演讲。弟已于 4 月 27 日在师大教育学院演讲厅讲完，弟之讲题为《师大五十年——我从事国学研究之缘起、经过与成效》。是日台北大雨滂沱，而来听讲者逾二百余人，几乎座无虚席，反应良好。弟 25 日晨自美起程，于 26 日夜抵台北，飞行 16 小时，仅休息一日，即行演讲，讲足两个小时，惟声音略显沙哑而已，一般反应，十分良好，此可以告慰于吾兄者。弟自退休以来，即埋首著述，现已出版者有《古音研究》(24 开,797 页)、《广韵研究》(24 开,943 页)、《训诂学》上下两册(24 开,1208 页)、《声韵学》(24 开，1134 页)。正在撰写者有《文字学》与正在整理者有《诗经研究论文集》。《诗经研究论文集》俟出版后，当奉请指正也。弟在台湾时间为每年 10 月至次年 1 月，在师大授课之外，并开“声韵讲座”，对社会公开演讲，来听讲者台湾各校研究生甚至声韵学员均有，每次听讲者，均将近 100 人左右。每年 2 月至 9 月则留美与家人团聚。在华盛顿美国首都附近，华人聚集之处，有华府诗友社，承该社友不弃，聘为该社顾问，每年皆安排演讲，多以东坡诗词为专题，拟于近期将专题转换为《诗经》，如能成功，当另行禀闻也。近有与文幸福、陈树衡、黄坤尧等唱和数首，兹录于下，请吟教。

次韵树恒幸福联吟三首

欣观桃李已成林。学术堂廊足放心。喜读往来诗句好，双肩耸罢一长吟。

扁浅何能望茂林。孙公自有济时心。清廉贪渎人能辨，万世千秋细细吟。

士恒在我咏成林。欣喜常存铁石心。针对晴阴挥健笔，没天风雨作龙吟。

次韵坤尧过沙田故居二首

追忆苏公意思深。香港数载共沈吟。金樽美酒欢长夜，流水高山动我心。

也曾席上醉颜红，高韵真存苏子风。江夏黄童春夜咏，痴情还可梦魂通。

娓娓道来，已占三纸，不尽之情，且待来日。时序更换，已入孟夏，草木渐长，花叶扶疏，炎暑之中，尚祈珍摄。书不尽言，专肃敬复，并候撰安。

弟陈新雄顿首拜上 2006 年 5 月 1 日

自美返台二函

（一）今春友好生徒为祝余古稀之龄并出论文集，当时曾致函于兄，欲请题词刊入论文集，因联络未尽理想，未蒙获颁嘉辞，使吾二人一段情谊，不克刊载入集，不无遗憾！4月以后，弟赴美与内人厮守，亦念老夫老妻，在世之日短，应共重视所剩岁月。9月中返台，将停留至明年元月中，若有来信，请寄台北……呈近稿及友好题诗，请吟教。弟新雄9月4日。

（二）幸福、昆益与会为道大会盛况，不胜雀跃之情。但一聚一散，莫非前定，其难如愿，亦唯有付之一叹而已。近著《论音绝句》30首，请传公会长吟教。2004年9月20日。

有怀夏老赋新词

多年以来，因身体欠佳，移居美国，在内人与儿女护持下，治疗病疾，故诗经研讨会，迄未参加，深感有负老友期许。去岁在北京参加中华吟诵大会，得见多位诗经学会会友，皆谬推我吟诗最有味，并举才老诗经研讨会所办诗词吟诵晚会为例。顷接何生昆益电邮，承告才老对余病状关心，闻悉感激难言，因赋《阮郎归》一首相赠。兹录于下：

阮郎归·有怀夏传老用山谷盈盈娇女似罗敷韵

诗经大道已光敷。先生吐火珠。鸿儒之后更爬梳。盘胸万卷书。　歌夏老，费工夫。扶危谁可知。他年互援白髭须。同舟泛五湖。

附档中所附相片，内人手抱婴儿，乃我外孙，为小女逸兰所生。

逸兰结婚已三年。女婿为日裔美国人，诞生于美国者，所受为美国教育。另一张为我的四个儿女及媳妇女婿孙儿外孙女等。男女共15人。今年10月21日至30日之间，河南省南阳师范学院中国音韵研究所，将举办“陈伯元文字音韵训诂学国际学术研讨会”，也将举行诗词吟唱晚会，主持人聂振弢教授盼尽量邀请我在大陆相识之友人前来参加。我已将吾公大名报请聂君邀请前来与会。石家庄与南阳相去不远，若能前来相晤，也许为弟有生之年之最后一握也。

专达肃请　道安！

陈新雄顿首拜上　2010年9月3日

函谢出席南阳会

传公赐鉴：10月南阳之会，远临捧场，幸何如之！本应陪同游历叙旧，唯以不慎，因咳嗽旧疾复发，影响演讲进展，服用镇静剂稍过量，竟致昏睡两日，而未克相陪，至感遗憾。我之学生，于南阳府署门前为我等摄得数张合影照片，因不知我公通讯地址，特托余转致。从照片看来，我兄养生得法，精神体力远较弟甚佳，期颐可及，预为伸庆。相片随函奉上，敬请查收。

专肃敬候　道安

弟新雄顿首拜上　2010年11月20日

夏传才：送陈新雄兄西行

2012年秋陈伯元兄仙逝，哀成一绝：

曾盼先生破风来，惊闻噩耗肝胆哀，
蓬莱应有诗人会，祝愿西行上瑶台。

赵制阳、夏传才通信六函

赵制阳（1922—），原籍浙江，1946年赴台北师范学院读书。历任明新工专、东海大学教授。著《诗经名著评介（三卷）》等书，为台湾诗经学名家。

赵制阳：关于鲁迅、郭沫若的《诗经》研究

承蒙函候，深所铭感。名誉会员证书一事，敝友丁羽兄已经函告，将俟友人赴北京时，代为领回。大会赐予殊荣，实愧不敢当。吾兄为本会备其贤劳，为弟至所感佩，开山伟业，当载之史籍也。

吾兄大著《诗经研究史概要》在台发行有年，弟曾购置拜读，获益良多。唯对鲁迅、郭沫若二人的评介，弟据海外所见，试作探讨。其中所论与兄相左者多，希以学术自由的观点海涵之。

学术泛政治化，必使学术成为政治的附庸，亦必扼杀独立思考的生机。周、郭二人的文章，政治性多于学术性。忝为本会会员，站在学术研究的立场，作客观的分析，陈一得之见，以供参考。尤希国内诗经学者在同一模式之外，尝试其他模式的思考方

式，或许有助于研究方向的导正、研究功夫的落实。

以上所见，深知多所拂逆。唯兄个性爽朗，有包容异议的雅量，故敢呈奉拙作，乞请指正。（1995.11.16）

赵制阳：不宜孤身远行

大札及《会务通讯》收到，悉兄近况与会务发展均甚良好，且“中研院”已邀请吾兄于12月来台参加经学会议，把晤之期不远，至感欣慰。届时如彼此健康情况许可，弟与内子准备陪兄作较多时日的旅游，务必令兄称心而返。如嫂夫人有旅游的体力与兴趣，盼能同来，内子自会竭诚接待。拙著《诗经名著评介》一文发表后即于付印，由于一时大意，迟了几天，过了《孔孟学报》编审会审稿时间；得知该文已排在下一期（9月28日孔子诞辰日亦即台湾教师节）发表，故图书出版进度慢了半年。时值盛夏，暑气逼人，尚祈珍摄。又，今年12月台湾经学会会议，你考虑“孤身出行，大家不放心”，出行之事的确需要有人相伴，从旁照顾。弟近来亦患腿疾，不良于行，出门须内人伴随，即使在市区行动，也不敢一人独行，以此忖度吾兄，如有远行，亦应有同行者为宜。会期在12月，叙晤有期，深所期待。（1998.6.12）

赵制阳：寄赠指压自疗图解

贵体负恙已久，好在胃疾、眼疾均逐渐痊愈，甚感欣慰。兄为性情中人，治学、为人、处事，莫不竭尽心力，以期完美，故心理负担重，平日事情多，加以研究论文之撰写，出版事务之洽商，学会会务之处理与推动，必致吾兄劳形苦思，永无宁日。如此长期积累，加以岁月催人，欲求体质无亏，亦已难矣。万望吾兄勇于下责，从速交下会务，文事视为生活调剂可矣；优游人生，期于来日。

兄似缺日常保健活动。弟每日早晨二小时，黄昏一小时，必出户登住处之后山，疾步绕山，然后运动肢体，外丹功、太极气功、太极拳，三者连续操作，夫妇同步，无日或懈。如此长期努力，至今健康状况良好，饮食有味，消化能力特佳，血压正常，心律不整现象亦已消失。平日保健之努力，效果及身显著，故敢陈献曝之言，期兄多作平日保健之努力。附奉指压自疗图解一纸，供兄参考，弟有时出现失眠、耳鸣情状，即按其定点，效果良好，其法简易，以之奉候。（2004.7.14）

夏传才致赵制阳夫妇

制阳兄嫂：别后匆匆五年，时常思念，叹两岸隔阻，又彼此皆耄耋之年，相晤实难。每奉吾兄华笺，殷殷关爱之情，感人肺腑。近读今人洪湛侯君著《诗经学史》，见第九章第七节专论吾兄之名著评论，于现代诗经学中，吾兄实已卓然成家。兄不仅学力胆识可佩，而至情至性交友，更使人倍感可亲。衰朽之年得友如此，实为幸事。然近期所以未能函复雅教者，兹吾向兄禀告，当可谅我。

弟于去年9月去主持河间“毛诗发祥地考察暨国际研讨会”回来不久，贱内即病重。弟亦亲自照料、延医。然无力回天，于

10月29日凌晨2时病故。52年相伴，随我历经艰辛，一旦阴阳陌路，能不心恸？火化日，我只撰写一联："风雨同舟，五十年相依相伴，情深似海；患难与共，半世纪不弃不离，义重如山。"这22个字还不能完全表达我内心的悲痛。我不会料理生活，我吃饭、换衣、喝茶等等都由她管，乃至洗脚，也得她天天提醒。她一走，我简直不知如何是好，心情极糟，11月被孩子送进省医院休养。12月又被朋友接到深圳、香港去"散心"，然后女儿搬来陪我住，才渐渐熟悉"新生活"，把心情平定下来。在这种情况下，我怎么能向你们写信报告此事而多添你们的牵挂呢。

经此变故，我的身体和精神都大不如前。想起吾兄一再劝告我的，应善自休养而于诗经学会退居二线。诚哉，至理名言也。记得教育部一位负责同志向我说：许多社团一到换届就分崩离析，所以在你留任期间准备好领导核心，实现自然过渡。

我们这一代人，生在革命和战争大变动的年代，我的生活道路曲折、复杂，具有传奇性。我经历过三种政权，三个监狱，接触过从上层到底层各色人物，所见所闻也有些隐秘事件或花边新闻。我所体验和接触的社会才是真实的社会，与书本上的不完全一样。再者，这许多年，我思考过许多问题。我有二十多年天天念马列，能没有心得体会、疑问和评论吗？我身陷囹圄、能不思考我个人和中国的命运吗？这些个人的思考，难道将来与我的肉体一同在火葬场里烧成灰吗？所以，我有必要把我80年的所见、所闻、所思，用回忆录的形式，忠实地记录下来，留给后人，这对于在将来实现一个博爱、自由、民主的中国和世界，可能有一点促进作用。我是中国作家协会的一名会员，为了负起作家的责任，在行将就木的垂暮之年，这是我应该抓紧做的最后工作了。

闻嫂夫人欠安，时常精神迷糊的症状诊治结果如何？念念。年老要有伴，对此话弟近日有深切的感悟，为吾兄计，祝嫂夫人福寿绵长，早占勿药。专此敬颂福安　弟夏传才顿首 2003 年 3 月 20 日

再邀台湾一行

传公会长吾兄函：承蒙函邀参与河间诗经村史迹考察活动，此为诗经学一大盛事，弟颇有兴趣，尤其趁此机会得以与兄把晤，畅叙别来情况，更是一大乐事。惟迟迟未能奉复者，缘于弟年事已高，出门需要内子照顾，可是内子近年体力年有衰退，尤其患有头昏之疾，一旦病发，天旋地转，寸步难行。如在旅途中发病，则更麻烦。为此考虑再三，才作决定，弟只好敬谢我兄美意。

吾兄为诗经学会自开创至今，竭尽心力，本会得以不断壮大。兄之才华洋溢，敢于负责，并有为实现理想锲而不舍的精神，始有以致之。弟每念及此，感佩莫名。惟希摆脱劳务，多作经验之传承与精神之领导，建立良好人事制度，培养优秀接班人，使本学会得循优良传统而永续发展。此为弟所殷切期盼者，故不嫌重复，一再陈言。期望吾兄有旅台机会，如体力许可，作岛内旅游，弟当驱车相候，全程奉陪，以慰平生相知之情，亦当视为人生一大乐事也。（2003.8.15）

9 月 26 日又函：兄托陈锡勇先生捎来三本书如数收到，除向陈先生函谢外，并向吾兄之关爱与一再赐书，谨致谢忱。尤其吾

兄于公私繁杂事务中仍致力著述，至为钦佩。惟于感佩之余，仍希多多留意保健，勿使体力透支为念。

赵老高寿颐养

洽川畅叙，已逾三年。弟与守亮兄携眷赴会，实为兄故。私心倾慕，晤谈为乐。迄今回忆当时会场与探访诗经发源地各种情景，历历在目，余味犹存。所遗憾者，内子即在同年秋季发病，由于病因一度误判，有所延误。待证明是肺腺癌，已至末期，病情加剧去世。折翼之痛，兄先于我，且言之详矣。所可告慰者，弟有二子，各有家业，子孙贤孝，经济宽裕，雇一外佣，照顾无忧。吾辈生于乱世，又有不幸遭遇，存活至九十高龄，出于预期，亦是福分。兄尚肩负学会会务，立德立言，功在振兴国学，造成读经学孔风气，忝为末交，亦感欣慰。

余不一一，即颂年釐。

朱守亮的使命感四函

朱守亮（1925—），原籍山东济宁，历任台湾政治大学、东吴大学教授，著有《诗经评释》上下册、《韩非子释评》四册、《论语中之四科七子》，主编《诗经目录汇编》，有自传《回首来时路》。

古稀笔健

弟贱躯精壮如昔，虽年逾古稀，写作仍不愿稍懈，年来完成四五篇文章，十余万言。其所以如此者，不愿负一己所志，尤不愿负诸友好如吾兄者之所期勉也。家中房屋设计翻修，等于重建，颇感舒适，真符合莳植学圃。吾兄能来台参加学术会议，便悬榻下解，备作憩息，何等称快。弟本学期课不多，两校所系，专兼任仅9小时，两个上午一个下午离开书房而已。寒冬已至，你我兄弟皆宜注意保健，盖吾等虽老朽亦仍有弘扬学术文化使命在身也。

年纪大不能那么拼了

弟两个月前发表《论语中之子贡》一文，现在写《论语中之子夏》，所内仍留有硕、博士班诗经与韩非子研究多课，上下学期轮开，各三小时，没什么负担。《诗经资料考证》的计划，因十三经编纂组织发生财务状，也就不干了；许多事要交给年轻人去干。当然，书还是要读的，文章还是要写的，有益的事还要做的，只是不那么拼了。我们年龄都这么大了，有些病其实是正常现象，注意检查保健，定时服应服的药，听医生的话，也就是了，没啥担心的，对吧？（2000 年 7 月 16 日）

人老脑不老

在汉城相聚时说“张家界见”，这个念头一直没变。但返台后，内子周凤文腿风湿痛重犯，肠胃亦有溃疡，今已住院数日。内子住院，94 岁高龄的老岳母也需人照顾，在这种情况下，我怎么能去张家界呢？

老哥曾慨叹自己老矣。据我看，人老脑不老，脑还在运转，手还在书写。下月政大有小型学术讨论会，我已提交文章，台湾 12 月开经学会议（以诗经为主），我亦不会缺席。我们要带头，给青年们看看，我们这一辈吃苦受难的流亡学生，是怎样为传承中华学术文化在尽力。“老”不会击败我们，但我们又必须注意保健，争取多工作几年。离开会还有四个月，老哥别忘记交代一下。一

个流亡异乡数十年、仍在孤灯下苦读，为学术努力的老朋友，真挚而虔诚地祝愿大会成功，与会老友健康。（2001.4.10）

新著脱稿后的“感言”

久未见面，时在念中。台湾最近刮台风淹大水，弟住山坡上，无碍。惟天气太热，想北方故国，也好不到哪里去，望多珍重。《论语中之四科七子》不能再拖了，狠狠心，清稿了事。现正接洽出版，特将有关资料奉上，请过目。本书单篇文成后，复经四五位教授好友削其赘疣，补其不足，绳其谬误，正其偏颇，甚而修饰润色其文字，以救其将失。虽属个人著述，实含有众多友人之心血。年逾八十，仍孜孜不倦，未敢稍懈，振笔疾书，凡八易其稿，用心之苦，可以想见。故本书可备专家学者作专题研究参考之用，其他读者读是书，亦可收励志、益智、养心、怡情之效。

这本不到50万字的小册子，从开始写单篇文章，竟花掉我9年多时间，何以竟如此？真的是“体貌衰乎下”，不如从前勇猛了。究其原因，则在既已发表过的文章，一发现另有可采纳的资料，不管是正面的，还是反面的，就想收入附说中，期能增加多方面的认知，或据以修正一己似成定论的看法，就这样，增呀，补呀，修正呀，竟欲罢不能。……我真不知道，如此花掉我太多的时间，值得不值得，是否浪费时间，糟蹋生命？此时猛然察觉到，如此做，已经不是印书不印书的问题，而是该不该继续工作的问题了；这一想法产生，又使自己大大地迷惑了……

原计划把修正后较为满意的清稿，在付梓前，再送给好友求教，请其再“削其赘疣，补其不足，绳其谬误，正其偏颇，而救其将失”，但一想那时必又有新意见提出，必须再处理；世上任何文稿，哪有没问题的，书印出后再讨论，又有什么关系？因此，本已恳请作为总校订把关的好朋友，也就不再麻烦他了，等书出版后，再提出问题讨论吧。（2005 年 7 月 8 日于台北木栅寄寓亦圃斋）

林庆彰诗经研究三十年五题

林庆彰博士（1948—），台湾“中央研究院”中国文哲研究所研究员，经学研究室领导人。蜚声国际的知名学者。专精于经学、儒学、学术思想史、图书文献和目录学等领域，以经学家、文献整理和目录学家名世。林先生于经学研究自述曰：“我在1975年就读东吴大学中国文学研究所时，即跟随屈万里先生研究经学。当时屈先生要我研究明代经学史，硕士论文《丰坊与姚士粦》、博士论文《明代考据学》，题目都是屈先生所给。”此后由明代又下推到清代、民国，30年间，已完成的工作有下列数项：（1）编辑经学目录；（2）整理经学相关典籍；（3）重新诠释经学史；（4）翻译国外汉学著作。30年中他的著述等身，有专著12部、主编和编辑55部、翻译2部，各类论文和译文共285篇。林先生是中国诗经学会顾问，《诗经要籍集成》《诗经研究丛刊》《诗经学大辞典》编委。林先生兼任东吴大学教授，多年来培养出一大批硕士和博士。时值林先生经学研究三十周年，他的弟子出版专书《林庆彰经学研究三十年》作为纪念。全书收录对林先生的经学评论38篇、文献学评论17篇、媒体报道34篇，附录一，后附林教授著作目录。全书由其弟子陈恒嵩、冯晓庭二博士编辑。

寄赠图书

前接先生赐下《儒学通典》及徐光启《诗经传稿》，即已奉函申谢。近接大函，始知前寄之函，恐于邮路遗失。近年两岸邮件遗失太多，未知哪一环节出现问题。先生所需书籍，已请台湾乐学书局分两次（每次一箱）寄出，恳请查收。本所所出《明代经学会议论集》《姚际恒研究论集》《诗经说约》，都已出版，将由所方陆续寄给先生。希望先生将来能再来开会。晚林庆彰（1996.9）

林庆彰病后来信

我在两年多前，即从日本回台以后，即发现有心脏血管硬化之事，胸时生绞痛，多方治疗效果有限，因此尽量减少操劳。未及时奉复，希望谅解。诗经会的报名单近日奉上，约有十余人参加，第四届会议论文集，此处需要者甚多，是否能寄下20册？先生自台归回后，玉体可能已完全恢复，祈望多加珍摄。（2001.03.06）

疗养中关心会务

前接大函，始知贵夫人往生，本所治经学学者同感伤悼，今后先生生活起居宜更加珍惜，以免友人悬念。晚近数月来颈椎凹陷，右半身瘓瘫，现遵医嘱治疗中。由于无法正常工作，也耽误了跟先生函信。

诗经会因 SARS 延至明年召开，这样也好，不然晚因病恐也无法参加，但愿明年能顺利与会。先生为诗经学会所付出的心力，大家都感铭在心，只怕先生卸下重担，后继无人，影响学会运作。诗经会议论文集，如有存书，每届请寄 5 本，书款再行奉上。已是入秋时节，请先生多多保重。敬颂文安。（2003.09.22）

允撰台湾《诗经》提要

大函早已拜收，因本月底台大召开日本学术的会议，赶文稿，迟复。关于《大典》的条目，以前晚生在《目录季刊》和《研究》都写有《诗经》台湾著作的提要，如果把这些文稿集在一起，再增补缺漏的部分，能符合先生的要求。如果可以，近日可开工。感谢先生多年的提携，晚近年身体逐渐走下坡，现在无法确定暑假是否能作陕西的行程。如果不能参加，先生不要怪，晚会要其他同事参加。敬颂文安。晚林庆彰敬上　2008.3.2

编纂《夏传才著作目录》

台湾学术文化界常为学者编纂个人著作目录，搜罗较为详尽，其中文集亦列出细目，说明出版处，便于治学者检索。这项工作，亦为目录学的一种。林先生的弟子台北教育大学李丽文博士接受林先生的建议和指导，编纂《夏传才著作目录》。稿本先列小传，正文分四个部分：（一）专著：经学、文学；（二）编著、编辑（丛书、丛刊、辞书、选本);(三)古籍校注;(四)20世纪40年代起文学创作和评论。附录二,一是对夏氏的研究和评论目录,二是各家的赠诗。初稿稿本约9万字,已于2012年6月寄夏氏审核。

王国璎：人在江湖身不由己三题

王国璎女士，台湾“中央研究院”院士王叔珉先生女公子，家学渊源，研究中国古典文学。学养积厚。原任新加坡国立大学教授，其时向夏传才赠所著《中国山水诗研究》一书。夏氏回诗曰：“涓涓妙论似琴声，流水高山故土情。华夏文明有新彩，南洋才女王国璎。”国璎女士后回台湾，任台湾大学教授。

人在江湖身不由己

多谢先后寄来惠赐《93 年诗经国际学术研讨会论文集》与《会务通讯》。论文既具有宏观之丰美，又有微观之精深，诚学界之珍品。拜读先生评介拙著之言，提携奖励之情，至为感念。原认为返回台大可“逍遥”度日，孰料忙碌依旧，授课之外，俗务缠身，审稿、出题、阅卷、开会、演讲，可谓“人在江湖，身不由己”。今暑诗经学会议，亦因无暇拟定论文，未敢贸然报名。辜负先生厚爱，深感愧疚。他日有缘，容当面致歉。遵嘱附小照二张，为会员证书之用。即此遥颂研祺。1995 年 7 月 2 日。

谈自投罗网

临时变卦，未能如约赴桂林参加诗经研讨会，至今犹感愧疚。

返台后就是一个“忙”字了得。整个暑假为“中西宫廷文化比较学术讨论会”忙碌。“中西宫廷文化比较”原是一个三年计划，由台大、美国西雅图华盛顿大学、洛杉矶加州大学及德国汉堡大学学者负责筹办，而我是台大方面的唯一代表，偏偏今年8月又在台大开会，因此无法遁逃。明年大概在德国柏林开会，后年则在美国加州大学洛杉矶。想想要牢牢绑三年，不能写自己想写的文章，心都变得沉重了。当然，台湾学术之蓬勃，是新加坡不能望其项背的，这也是何以三年前毅然辞职返台的原因之一，不过，忙碌辛苦之余，免不了埋怨是“自投罗网”。多谢惠寄《会务通讯》，遥颂，研祺。（1997.11.12）

诗经中弃妇诗解读分歧试探

王国璎为参加桂林会议寄来这篇论文提要，临时因要事未能到会。全文已发表于《台大中文学报》第10期。人未到而文到。寄夏，亦信也。兹引录文章要点于下：

综观《诗经》中15首弃妇诗，仅《卫风·氓》一首，历来对于其属弃妇之辞，并无异议，其余或多或少都曾引发不同的解读，诗中主人公之认定，亦相应出现分歧。有弃妇与弃夫之异，弃妇与弃友之分，弃妇与弃臣之别……甚至出现弃妇、逐臣、弃友众说纷纭者。如果排除诗教之影响，摆脱史料之束缚，纯就作品本文来考察，形成解读纷纭之因素，大略可综合成以下六点：

1. 见弃母题雷同，这是由于君臣、父子、夫妇、朋友诸人伦关系，有相通之处。见弃者通常是臣属位卑之一方，或是习惯上比较有依赖情结之一方。不幸见弃，无论弃妇、逐臣、放子、弃友……其悲哀愁怨、仇恨懊恼之经验感受，往往类似。

2. 本事背景不明，有叙事梗概者少，纯抒发情怀者多。大部分被弃原因不明，过程不详，只有见弃之共同处境和心情，乃至无法确指。

3. 人物形象模棱：除了《王风·中谷有蓷》一首是第三人称叙述“有妇仳离”之不幸外，余者皆从第一人称“我”之角度自述，唯“我”是男是女，往往性别难断。再者，诗中涉及之负心者，亦身份不明。此外，诗中没有明确的个人语言，不闻独特的个人声音，抒发之情怀，亦倾向于一般化。

4. 字词训诂有异：同一字词之训诂，往往因人而异，乃至造成说解分歧。

5. 现成诗句借用：基于歌谣传统，诗篇中现成诗句可任意抽出，相互借用。同样诗句可数见，失去原有的特殊性，变得一般化起来，自然影响读者之体会，助长解读之分歧。

6. 兴句意涵难测：发端起兴诗句，有的或含比喻，有的却是孤悬，与下句了不相干。是否含比喻？或究竟比喻何人何事？颇难确定。只好借助想象，或付诸臆测。

这些造成解读分歧之因素，亦即《诗经》中弃妇诗之共同特色，令其不受弃妇角色局限，具有让读者各取所需之宽大包容性。单纯从诗歌之阅读欣赏而言，解读分歧，或许无关是非对错，犹如崔述于《读风偶识》中所谓："纵作诗者不必果有此意，而读此诗者自可以悟此理。"

毕竟"诗无达诂"，只要言之成理，不太离谱，不妨"兼收而并存可也。何况一首诗所以引人瞩目，耐人寻味，即在于能够引发多样的解读，激起无限的感动。《诗经》中的弃妇诗，由作者之创作，赋予生命，复经读者之解读，获得再生。解读之分歧，证明其生命力之充沛旺盛。因此，作诗者之本意，固然值得重视；读者之领悟，亦不容忽略"。

文幸福诗豪酒豪游兴豪

文幸福（1950— ），诗人，原任台湾师范大学教授，后转任玄奘大学教授、中文系系主任。中国诗经学会初创，协助联络台湾同行，出力不小。亦夏某文友诗友酒友。

贺诗经国际学术会议召开

（1993 年中国诗经学会成立大会）

乐哉钟鼓诵关雎，窈窕风流遍九州。
相诱相呼鹿鸣宴，同声同气候人幽。
他山错石磋磨秀，此水寒泉浸润啾。
赵市初筵宾尽意，蓬莱何日一樽秋？

敬酬夏老（1995）

赵市风流惯过从，龙头观海乐重逢。
谦谦君子他山石，翼翼纯儒漆圃农。
不选柏舟仪棣棣，招顬匏叶雁雍雍。
几回把酒亲馨欬，久折词声纵笔锋。

贺第二届诗经国际学术会议北戴河召开（1995）

雄关邀宴海东头，激厉风云指掌收。
言念诸君颂毛传，方将万舞对瀛州。
棠花虽盛参差立，荇菜何妨左右流。
三百温柔共研讨，石庄北戴到寰球。

寒夜独酌怀夏老兼以代春

盛夏台北把酒欢聚，乐何胜言。时光倏忽，而岁末冬寒矣。南北天涯，不胜缅念。寒夜独酌，余能无怀乎？得一律：

蓬莱一别去匆匆，遥念高怀沐暖风。
抱犊寨前观阵势，老龙头上论英雄。
时名有价文章美，杯酒忘年声气融。
山水桂林天下甲，赓歌来兴待重逢。

（1996.12.23）

文幸福教授诗笺附信

桂林山水，可助诗兴；桂林三花，尤可忘情。此次会议，相聚甚欢。向熹、赵逵夫、张来芳、蒋南华诸教授，赵艳霞博士，赠书赐教，受益尤深。只是夏老心系学会，未能宽心对饮，得诗若干，即请教政。专此叩颂崇观。幸福 1997.8.2

壮游神州

北戴河尽兴而返，酒宴之快，何可胜言，感谢安排。随后飞成都，游三峡，登岳阳，过长沙，游张家界、天子山而返台，历21天。返台课业正忙，匆匆，敬颂大安。

自韩国来函:《诗》应分四体而不相属

自客座岭南大邱之启明大学，先是校长之未予礼遇，继有韩币之大贬，经济萧条，人情亦趋淡薄。去年10月24日，应韩国岭南大学之邀，参加《文体再观照》国际学术会议，发表一篇《诗经》之文体论文《诗经・南・风・雅・颂探原》，论定《诗经》应分四体，各有特色而不相属。奉呈赐正。南、雅、颂是为乐而作的乐诗，可能还有谱可按，而原始的十三《国风》，则是徒诗，可歌而不入乐的。但今本《诗经》所录全为乐歌，乃是太师比音，夫子正乐所得的结果，也即吴澄所说的“风因诗而为乐”，此不可不辨。又，在韩时，与诗经学会会员过从游宴，得诗若干，并前诗改定，敬请赐正。晚文幸福（1999.4.16.）

游曲江

得悉贵体安然，著作繁富，不胜欣慰与钦崇。年过七旬高龄，万事小心注意，以夏老身体之硕健，当能长寿。台北一切如常，日前陈伯元荣退，想已知闻。又前此特陪其游清远曲江（韶关）。得诗若干，呈郢教政。

与季旭昇教授谈训诂

台湾师范大学季旭昇教授治《诗经》有年，他以《诗经》时代前后的文字——甲骨文、金文、战国籀文篆文来探讨《诗经》的字词训诂，从古文字学、考古学的角度，古义新证，颇多创获。他的方法和功力，深得大陆同行的赞赏。

夏传才致季旭昇

旭昇兄惠鉴：近期忙会，致疏音问。前奉手教，承示拟于桂林会议论析诗经歧义问题。这是个有助研究进展的好题目。研治诗经当以通训诂为基础，两千年经文训诂成就卓著，仍留下若干未妥未安的歧义；今人新解、臆测，又造成众多新的歧义，何也？考证不精细，方法不科学。闻一多创始的诗经新训诂学，继承乾嘉小学的科学方法，又将现代语言学、艺术美学、古文字学和民俗学、人类文化学相结合，开一代新风，这只是开辟之功。在闻氏时代，古文字学（尤其是金文、甲骨文）研究和文化人类学都在起步阶段，加上闻氏多用假借，故难免失误亦多。兄台大著《诗经古义新证》

发展了闻氏的诗经新训诂学，吸取古文字学和文化人类学的积极成果，提到精密化、科学化的新阶段。这一点，向熹兄与我看法一致。大著的贡献不仅在于某些词句的正诂，而具有方法论的意义。所以，这个题目宜由兄台就此作专题发言。两岸学术交流以这样的具体学术问题的交流最有意义，盼届时恭聆高论。台北炎热，诸希珍摄。即颂研安，弟夏传才拜 6 月 20 日。

季旭昇：桂林会议的题目

桂林会议上，我的题目大约是“林义光《诗经通释》训诂述评”，或是“诗三百惠字解”。后文本来是准备参加吉林古文字研讨会的论文，因为这个会时间在 11 月，是我们学期中上课的时间，因此不能与会。这篇文章是写《诗经·褰裳》的，和我一贯的文章相同，把《诗经》的“惠”字作了一较新的解释。如要我做专题报告，则题目为“近代诗经训诂研究观点的剖析”。如何？（1996 年 10 月 27 日）

季旭昇获奖作书面发言

台湾师范大学季旭昇教授获本会首届学术研究成果评奖一等奖，因急病缺席，捎来书面发言如下：

拙作《诗经古义新证》能够得到肯定，旭昇心中非常感谢。但是，因为旭昇在 7 月 27 日突然腹痛如绞，经医生检查是肾结石，需要进一步处理。同时，旭昇将近八十岁的父亲也在两个星期前检查得知罹患食道癌，将在7月28日开刀。为了这样的原因，不能前来领奖，深感对大会极为失礼，在此要向在场的贵宾同道们致歉。

其次，我要感谢很多帮助过我的人，从台湾来的师长、朋友们，每一位都给了我很大的帮助和指导。大陆的前辈学者，是我早期私自淑艾的模范；当今的诗经学大师、研究专家，更是我取经请益的宝库，在此我也要致上我深深的感谢。还有美国的夏含夷教授在他到台湾匆匆忙忙的旅程中，还特地抽空看了我的论文，提出了非常中肯的意见。北京的扬之水教授，她不吝对拙作中的缺陷一一指正。这些，我也都要致上深深的感谢！

其次，我想提一个建议，诗经研究文献浩如瀚海，研究者最痛苦的事情之一就是找资料。现在电脑很发达，旭昇个人有意推动诗经网站，能否由大会出面，统一格式，然后汇成一个颇为丰富的诗经网站。台湾地区的电脑网站已经有一定的基础，旭昇在这方面也略有涉猎，希望能为诗经研究多贡献点心力。如果大会同意，那么我一定会竭尽所能，全力投入。

最后，在研究的过程中，旭昇深感个人的力量很有限，所以拙作中一定还有很多错误。希望各位先生们能够不吝指出，古人说："道吾恶者是吾师"，旭昇衷心期盼在场的每一位贵宾都当我的老师。谢谢大家。敬礼大会顺利成功，敬礼每位贵宾学术精进、身体安康、万事如意。（1999年8月4日）

林叶连：研习切磋，其乐融融三函

林叶连博士，台湾云林科技大学教授。台湾学界青年才俊，著有《中国历代诗经学》《诗经论文》等书，获中国诗经学会首届学术评奖二等奖。

赞盛会成果丰硕

日常杂务繁冗，回台以来迟未问候，请见谅。1995 年 8 月北戴河再一次成就学术盛会，见学会之联络往欧美日韩更加扩大，可喜可贺。先生辛苦筹划经营，方有如此丰硕之成果，与会学者莫不衷心感佩。下次桂林之会，晚期望顺利成行，共同研习切磋，其乐融融。敬颂福安。

修订《诗经论文》

承蒙厚爱，拙著《诗经论文》得以忝列于第四期《会务通讯》，万分感谢。该著首尾两篇似与书名不尽吻合，晚接纳建议，移此两篇于“外篇”；至于“正篇”，则增加《诗经的教化功能》一篇。增订版较初版多77页，学生书局将俟初版售罄，方拟付印发行；印出之日，必将速速奉上。最近晚承接非《诗经》类之专题研究计划，夜以继日，忙碌不堪，无法抽空撰写有关《诗经》之论文，今年桂林之会，请容晚暂告缺席。如或撰写顺利，期望若干年内能完成另一著作（或许非《诗经》类）呈奉先生，以报答关爱之恩。俟现有之工作完成，必将再回本会，请益就教于诸大师前辈，此晚所深切期望者也。兹奉寄美金50元，请收为会费。肃此敬请崇安。（1997.3.26）

研究即生活，生活即研究

第九期《会务通讯》拜领，《诗经》研究的风气，因为中国诗经学会的成立而得以蓬勃发展，可说是学术史上的大事。《通讯》资讯十分宝贵，本次会议的论文集当然要买，书款随函奉寄。人的精力有限，总该专注于某些事物，这是晚桂林会议没参加的主因，也难免感到几许无奈！

科技产品带给人无比好处。晚从事研究工作，若干重要工具书，平时逐渐用扫描机扫存在电脑之中，查询资料十分方便。在电脑输入方面，晚素来使用注音符号输入，但总以无法突破每分钟70字之上限，而颇感难过；后来断然改学他法，现在每分钟已能输入100余字。“研究即生活，生活即研究”，是晚坚持的生活方式。晚打从心里喜欢陶渊明，最爱埋首案前展读群籍；那是一种隐居式的、精神自足的生活。以往，晚曾向公家请款做研究工作，结案之后，实在无意愿再继续此类申请，因为“定时作成果”的压力，令人紧张忙碌，几乎顺不过气来，甚或有害健康，做学问的诸般乐趣，丧失殆尽；研究成果也将因为限期结案而难免有粗糙草率的遗憾。

今世多见集体创作（尤其是大部头的工具书），成批的幕后英雄默默地奉献心力，固然厥功甚伟，可敬可佩，但其中有若干拘限，例如，内容一贯性可能出现问题，甚而是驳杂或冲突而不自知。此外，有些学者只是承揽不少“专题研究”，指挥手下一群人去做，自己却很少参与。如果“写作即生活”的话，那么这些主持人或许不能深切地体认研究生涯的乐趣，反而是他的手下陶醉其中，功力大增。当然，如果出于栽培后进的用心，自应另当别论。

太史公于《史记·管晏列传》末尾写道：“假令晏子而在，余虽为之执鞭，所忻慕焉。”这个特殊的空间是从事独立创作所独有的，读到这里，晚内心振奋不已。孔子说：“古者言之不出，耻躬之不逮也。”如今，晚不能宣称将会写出什么，只是预计至少花十年时间，整理有关中国学术史的资料，希望届时能有所收获，请您时时赐予指教。肃此敬请崇安。（1998.7.5）

台岛友情六笺

左松超来函

左松超，原香港浸会大学教授，返台任中正大学、淡江大学教授。

比来气氛低迷阴沉，主其事者各有所图，既不相知，焉能互信？如此下去，是何了局？恐终不免越行越远也。遵嘱寄上照片。炎暑肆虐，会务繁忙，千祈珍重，余不一一。专此敬颂近祺，弟左松超1995年7月18日。

余培林赠诗

余培林，1931年生，江苏淮阴人。台湾师范大学教授。

北戴河开会，得蒙折节下交。先生酒豪诗豪情豪，令人难忘。再聚之期不远，谨翘首以盼光临。下届桂林会议是否能参加，此时尚难决定，若无特殊事故，定当与诸位聚首也。先生来台时再奉卮祝寿献诗。奉上《诗经正诂》下册，尘污尊目矣。呈诗一首，肃此敬颂教安。

第二届诗经会议呈夏传老

昔日东台心早折，今朝北戴始相逢。
杏坛振厉传诗礼，经学耕耘胜圃农，
举止谦谦兼翼翼，威仪抑抑复雍雍。
廿三年历潜龙厄，廖廓胸怀更出锋。

中正大学庄雅州院长祝会议成功

第二届诗经国际学术会议将于 8 月中旬举行，承蒙盛情邀请，甚感荣宠。近年两岸研究诗经，成绩辉煌，即以大著两部而言，功力非凡，夙所佩纫。本宜藉此良机，趋前请益，并共享与会专家学者之研究成果，惟近半年来身兼本校文学院院务及中文、历史二系系务，公务鞅掌，无法勉力撰写论文，未克躬与盛会，良深歉疚，尚祈亮鉴是荷。他日研讨会论文倘结集行世，当邮购一部，俾得拜读。先生倘因来台开会之便，欢迎顺道驾临本校参观。谨此预祝研讨会顺利成功，并颂时妥。

弟庄雅州敬启 1997 年 7 月 24 日

竺家宁赴法访学

竺家宁，语言学家，中正大学教授。

我将于10月初赴巴黎研究一年，因此，此次研讨会恐无法参加，实在可惜。回想前两次的会，的确受益很大。希望将来能有机会再参加。您这次来，很遗憾没能见面请益。我曾多次打电话给您，并录音留言，也许您未收到。左松超先生已在中正大学退休，转任淡江大学。在此祝福桂林会圆满成功。

1996.8.20

陈锡勇赠横幅

值夏老八十寿，台湾陈锡勇教授撰横幅致贺，文曰：

恭贺夏老九如米寿，

如水上善，如谷上德，如月之恒，如日中天，如山如阜，如冈如陵，如南山之寿。集《老子》《诗经》句，晚锡勇拜撰，癸未秋月。

台湾青年才俊何昆益来信

本会近联系一批台湾青年才俊，下面是高雄师大博士何昆益来信。何君，研究《诗经》，也擅诗，为陈伯元之高弟。其作品虎虎有生气，亦有灵气。信如下：

暌违钧范，瞬息数月，此番会议，得缘趋竭，实幸甚焉。忆昔读先生书，想见其为人，迄今乃拜见，气度宽厚，容色温文，文章敦朴弥劲，会议擘划魁伟，思虑至深，情意至切，更不以小子鄙陋，竟亲切与晤，感荷盛意，不胜倾慕向往之至。返台后，拜诵赐函，敬悉种切，倾嘱论文呈递一事，非是小子怠慢，实因一二师友尚未修正完篇，迄至昨日乃得搜罗完备，延宕日久，非所欲，尚祈宽宥。又当日赋诗，晚文意稍有不适，更蒙先生斧正，使诗神气更逸，幸甚幸甚。晚拜投伯元夫子门下日浅，造诣薄陋，多有不周，是以更向伯元夫子学习东坡诗，藉以涵养学识，以期来日能更咏心意，以韵唱和，不致似此番之局促也。敬维德恭，讲坛日隆为祷。谨此驰禀，恭请铎安。

第七辑　香港深情

香港诗人协会邀请书

夏传才教授：敬佩您对诗学的研究。希望您答应我们邀请，拨冗前来香港，为敝会会员作一次专题演讲。题目及时间，完全由您来决定。并请来前一个星期预先通知我们，以便安排。耑此，敬颂教安。香港诗人协会会长蓝海文、副会长丁平敬邀（1996 年 3 月 30 日香港）

蓝海文《新儒学》

蓝海文（1942—），著名诗人、文学博士，原香港特区艺术发展局文委会主席，现任香港诗人协会会长、天马出版有限公司董事长、中国诗经学会名誉理事，是海外活跃的诗人和文化活动家。作为诗人，他先后获台北“诗教”奖、台北“中国文艺协会”文运奖章、国际诗人大会“桂冠诗人”称号。先后创办《世界中国诗刊》（1985）、《诗坛》（1996）、《香港诗刊》（2000）。他写新体诗，也尊重旧体诗。在诗歌理论上提倡新古典主义，其理论专著的基本精神是继承古典诗词的精炼和意象的深刻性，由传统向现代化发展。蓝博士又是水粉画画家，在香港办过画展。近年来，他致力于中国文史哲研究，著述多种，这部厚达334页的新著《新儒学》，副题“中国人的圣经”，是他密切结合现实的学术思想的集中体现。

《新儒学》序中说：

文化不断向前发展。文化的发展，不是以一新的精神去取代旧的，而是“新旧相续”、“承先启后”，这样的发展才会被接受。“新儒学”放弃某些并非孔子的观念，直接继承纯正的孔子儒学，秉承纯正儒家中的反省与回归中正的精神，重新阐释儒学的真义，并使之现代化，同时吸收现代思想，将之熔为一炉。纯正的孔子儒学是集大成的。“新儒学”继承优秀传统，而无半点封建式迂腐，承接时代，却无朝代的偏失。“新儒学”是蒸馏过的水，净化了的空气，是中华民族时刻之所需，是以人人具有的人性常道为要旨的实践之学，教人回归生命的本真、良知善性，重建人的自信，释放活力，释放个性，追求和谐，以创造、重建新一代的中华文明。

全书分上中下三编，对儒学的许多基本概念，如天道、仁道、教道、求学、修养、为政、君道、忠道、三纲五伦、正名、德治、礼治、家庭、自由、法治、民本政治和执政党的品德等，做出新的阐释。本书结尾说：“中国会很快地超大起来，超大起来的中国决不称霸，中国以仁德治天下，社会才会和谐，世界才有真正的平等和永久的和平。”

丁平：旧识新交三函

丁平（1922—1999），香港广大学院（原广州大学1949年迁港）教授、中文系系主任，文学研究所所长，办有硕士班、博士班，兼任香港大学高级讲师。香港回归后，于香港大学专业进修学院办高级文学创作资格证书课程，香港特区政府认证。诗人，曾任香港诗人协会副会长、世界华文诗人协会秘书长，创办香港中国文学学会，任会长。受聘为中国诗经学会名誉理事。

组团桂林参会

日前来示收妥。50年前相识，彼此青春少年，今皆白头，乍难相认，亦人生佳话。近来因港大、广大二校琐事锁身，会务迟办乞谅。现已与文学水平较高之文学教育工作者（均弟近五年内学生，后多于英美取得博士学位）联络，兹奉上明年8月同来出席桂林盛会名单，共15人，恳请组委会审核后分别按址寄下邀请信及大会文件是幸。8月盛会弟一定率团参加。桂林旧地重游，回

忆抗战时入芦笛岩洞避日寇飞机轰炸，往事历历在目，生发无限感慨。（1997.6.7 传真）

全切去胃，也要来开会

一

弟于 1998 年 11 月 3 日因急病进入威尔斯王子医院，于 10 日施行手术，把胃全部切除，体重减轻 130 磅，今已于 3 月返港大上课。广大每周两天课，由其他教师之英文课代替至 6 月，幸好无后遗症或并发症，但仍继续服药，每月仍回医院复诊一次。兄在台患病时，弟卧床医院，二人同月出事，再加上公木教授去世，如此巧合，是天意乎？一叹！

港地参加会议者回执，已寄上，再报名单如下。人生如萍难聚首，8 月济南之会，一定与兄共叙于泰山。吾兄近况，甚望简示，以息遥怀。

二

小弟因割胃留医，今年 2 月才出院，3 月返港大上课，广大中研所 4 月也按时去处理所务。目前工作颇忙，体力未复原，但已可应付，勿念。兄调养后当可于 8 月去济南主持四届研讨会也。在港会员及研究生共同遥祝康复。

前寄回执诸人全收到请柬及通知了。兹补呈又三人参加，请补发请柬。当照通告所示，及时全体订购机票，小弟必依期于 7

月 30 日飞抵济南。（1999.5.20）

最后一封信

1. 6 月 24 日来示拜悉。当日港大课已完，又要赶往九龙沙田威尔斯王子医院进行住院三日作全面检查（共九项）。今午三时，主诊医生才放行返家，但仍要 7 月 16 日及 19 两日，再入院复查上述九项检查结果。据主诊医生说，他怕在济南期间在会场有什么不便之处，故有此详检之举。因济南医院并无我之病历数据也。

2. 今年 10 月新学年开始，我在港大已自请集中周四之三小时四节课，争取多些时间在家休养。周五及周六两日之最高级课程（见课程纲要抽印本）仍不变。广大中研所之所务和修改论文，也许过多了，我尚能支持勿念！

3. 来年（10 月新学年）港大之 991 及 996 课程中，已僭列吾兄之大名，兹特先把手册抽印上述二课程，分别寄上，不合程序之处，望谅我！

4. 广大中研所成立已十周年，5 月下旬曾召开了一次所务扩大会议，邀了院长张宜生博士，及董事长李华伦出席，特别通过了一项提案：对文学学术研究有突出成就，并在本所指导研究生付出尽力最多之教授，颁赠一项荣誉文学博士学位。第一批教授是：内地：夏传才讲座教授，雁翼客座教授。台湾：魏子云讲座教授、胡品清讲座教授、向明客座教授、痖弦讲座教授、陈义芝客座教授。

举行颁赠仪式（方式可选 1. 集中在香港举行。2. 由所长、副所长、在港教授，携同博士袍、博士证书等，分别到各教授所在地选适当场所举行）。

我会在7月份内，分别征求各位意见，吾兄尊意如何？我十分尊重兄之意见。匆匆急奉，望来示！于威尔斯医院病房。丁平叩上　1999.6.23午草

香港中国文学学会邀请书

香港中国文学学会是诗人丁平教授创建的，成员多数是他的学生，有大学教授、讲师、中学校长、教师、博士、硕士、公务员和医护人员，都热爱中国古典和现代文学，创作和发表新、旧体诗词。会长丁平在1999年病逝，这个团体继承老师的遗愿，继续活跃、与本会负责人也仍保持亲密的友谊，其成员大多参加了中国诗经学会。

夏传才教授道鉴，敬启者：素仰教授学贯中西，对中国文化之弘扬多所建树，尤以诗经学之研究称誉学林，成就卓著，令人敬仰。本会为香港特别行政区一非牟利团体，以担负中国文学继往开来之民族使命为己任。现本会特诚邀教授于2000年12月15至31日访港，与本会举行学术交流及研讨会，发抒高见。倘蒙惠允，不胜感激！有关细节，当陆续奉陈，俾便指导。耑此，敬颂文祺！

香港中国文学学会会长　何江显敬启（2000年10月15日）

钟洁芝来访来信

香港中国文学学会副会长钟洁芝博士8月4日来访，返港后来信：

得知您身体不好，心里很难过。自河北回港，工作很忙，加上笔懒，没有写信，但曾发电邮给您，不知收到没有。8月初与家人往北京，然后转机到内蒙古，因为是参加旅行团，不在北京逗留，不能去看您。我跟江显、辉洪都很担心您，您一定要保重啊！我们正在商议什么时候一同抽空去探望您，又怕您太辛苦。我们都怀念一同吃火锅，还有在您家中一同包饺子的快乐时光。跟您一块玩，轻轻松松的相聚，简简单单的餐会，都是很快乐的，在大饭店，反而觉得拘束哩。希望很快再见面，您可千万保重啊！

作家舒慧致函

一

20 年来，诗经学会在您老人家领导之下，在《诗经》研究及考察等方面作出不少贡献。作为一个有 11 年会龄的会员，我因本学会的成就而感到光荣，也对学会的继往开来充满期盼。我十分希望可以参加这次会议，可惜身体实在不争气，错过了与您老人家及各位文友相聚的难得机会。真的十分遗憾。

我一直都在关心留意着这次诗经大会的消息。十多天前，我已经在互联网上看到关于会议的报道，还看到十堰电视台在网上播放的“房县诗经文化节”开幕的盛况。在电脑荧屏细小的画面上，看见您老人家神采奕奕，步履稳健登上讲台，在万人大会上演说及为尹吉甫塑像揭幕，我感到十分欣慰。您是诗经学会的灵魂人物，诗经研究界的权威，得到各地学人无上的尊敬。虽然您老人家功成身退，但我这个还在南陲的后学，将一如既往，在文学创作及《诗经》研究方面不敢躲懒，决不辜负您的厚望。

二

前天收到您6月16日来信。十分感激您对我的鼓励。我会加倍努力，继续以“我笔写我心”的态度去写作。

时间过得真快，“97回归”转眼已10年，但感觉仍似就在昨天。在这10年之间，曾有欢喜，亦曾有悲伤，最困难是“沙士”（SARS）前后的两年。我有一篇文章是写“沙士”的，叫“淘大花园E座的阿宝”，已经在香港报纸发表，也收集在编辑中的《写在风的季节》里。

香港近年因为邻近地区高速发展而造成空气质量下降，天空经常是一片迷雾，政府提出了“蓝天行动”，民间亦有“救救蓝天”呼声。“环保”是世人应该特别重视的课题。因应这个关系到子孙后代的课题，我写了一篇散文题为“看山十年”，投给十分重视环境保护工作的国家新西兰一份中文报纸《先驱报》，并于今年世界环保日（6月5日）之前刊出。希望能在环境保护方面尽己所能吧。

西安别已有一年多了，教授身体各方面都好吧？甚念。本应去信问候，但我于去年6月之后，身体一直欠佳，曾经因为在街上晕昏而叫救护车进了急病室。检查结果是贫血。这病看西医没有什么改善，后来看中医就好一些，但仍然时好时不好。很多谢教授的关怀，只是身体一直未能复元。我要调养好身体，把书印好了，再到石家庄拜会教授，好吗？

天气火热，望教授好好保重身体为要。祝身体健康，万事如意！舒慧上（2007.6.5）

“小朋友”蔡若莲

蔡若莲博士，香港特区教育统筹局原高级学校发展主管、中国语文教学总监、香港支援内地专家团副团长，现任香港教工联副主席，2013 年任香港公立福建中学校长。

厦门之行，收获良多。感谢在学习和做人的路上，一直有您的提携。我下月又要南北跑几个地方去做报告。18 日，我会去沈阳，22 日，可能会去杭州两天，然后，从杭州去湖南，元旦才回香港。天气转凉，请多加保重。小朋友（2011.11.16）

诗人慧思：一切风平浪静

你好！迟迟回邮，不好意思。经过很长时间情绪低落，我现在慢慢恢复过来，一切正常了，要你为我惦挂，我十分内疚。很多时候我原来并不认识自己，许多事洒脱得起，感情却有点割舍不了。请放心，我已想通，一切风平浪静，正如你所说，坦然地经过坎坷，快乐地拥抱人生。我要将不愉快的过去忘掉，努力于未来的日子。我暑假去台北十多天，也是无所事事，看看朋友，很快开学了。8 月 30 日至 9 月 7 日我向学校请假，去印度参加世界诗人大会。我很想到外地走走，教授有意外游吗？什么时候来香港，或到深圳讲学，我去接你来香港玩几天。感谢您一直为我担心，我实在很没有用，自己的事处理不好，怎能为人师表？你要多保重身体，多吃点有营养的东西。我们很快见面的，一定！祝生活愉快，心想事成！慧思上（2012 年 8 月 7 日）

港大李家树教授“半退”

没跟您联系很久，很挂念您。

今年5月接受心瓣手术后，在家养病，谁料6月中耳朵又生毛病，身体失去平衡，天旋地转，得再进院治疗。7、8月都困在家里。很少外出，现康复得差不多了。

本在6月底退休，校方因为中文学院仅存两位教授同时退休，临时要我多留两年，半职；仍是教授，薪酬及教学任务减半，不用做行政。最近几年，我在香港特区政府的司法机构，教各级法官用中文写判词，对英文本的普通法如何改用中文表达出来有了认识。港大的法律学院聘我为客席教授，为期两年，为学院的学生讲授法律中文应用的课程。课时加上中文学院的，是以前的四分之三，对初康复的我，有些吃力。不过，虚荣心作祟，硬着头皮接受过来；同时在两个学院授课，在港大是不常见的例子啊。

可惜8月不能赴会拜候您，也错过了您给大会的报告。有可能来港吗？您待我像子侄一样，我总得找机会来河北见您。向您问好。晚家树　顿首 2012.12.13

贾晋华自哈佛返港

香港城市大学贾晋华博士7月24日来信：

承先生厚意惠寄诗经研讨会邀请函，至为感激。晚生于2005—2006学年赴哈佛大学神学院任访问教授，近日刚返港，见到通知，时间已经太迟，来不及撰写论文及申请路费等，甚感遗憾，盼先生下一次办会时仍给晚生寄下通知，新地址为……。先生为诗经研究大师，诸多大著影响学界至为深远，多年来又花费心血组织诗经学会及主办诗经研讨会，晚生一直深为钦仰。随函奉上拙文《兴及兴诗探源》，敬盼先生多加指正。专此奉谢并颂著笔长健。

香港文艺家协会邀请书

敬启者，今年为香港回归祖国五周年，为了继续发扬文学艺术工作者的爱国主义精神，进一步扩大本港和祖国各地的联系，特邀台端抵港传经送宝，让中华五千年文化传统在香港发扬光大。

再者：来港时间为12月初，以利安排，届时恭候大驾光临。

此致　中国诗经学会会长夏传才教授。

香港文艺家协会。2002年11月11日

王一桃：我的诗离不开诗经的中国（四函）

王一桃（1934—），原名黄寿延，出生于马来西亚，1950年回国读书，毕业于广西师大中文系，曾在广西民族学院和广西文联工作，1980年因继承遗产定居香港。1997年在香港注册成立香港文艺家协会，后又注册成立世界华文文学家协会，均担任会长。从事诗创作，是多产诗人，多为爱国诗，两次为《参考消息》报转载。

初识来信

大札及会议通知拜收，盛情可感。真佩服您和诗经学会，为弘扬中华文化，为发展新时期文艺，几十年如一日，勤勤恳恳地工作，做出如此重大的贡献。

我永远难忘您来港讲学，和我一起在酒楼饮茶的情景。您的诗点燃了我的心，我兴奋地朗诵了一首又一首。你的诗品是你人品的完美体现，引起我强烈的同感共鸣。

去年是我从文50年，广西作家协会特地为我举行了规模盛大的庆祝会、座谈会。附《香港文学》二月号长篇报道一篇，请过目。

新春将至，祝松柏长寿！（1999.2.11）

我是地道的中国诗人

顷接大函，并赠大著，十分感谢，爱不释手，再次向您致谢。经港时盼能一聚。拙著蒙您厚爱，真是喜出望外，再奉赠一本《诗与诗论》。仍请多多指教。这本《诗与诗论》封面印上孔子的“诗可以兴，可以观，可以群，可以怨”；如同《我的诗宣言》中曰：“我是地地道道中国诗人，在香港、故我的诗离不开诗经的中国。”我虽然极少写旧体诗词，对大作却爱不忍释，既吟且诵，从中吸取巨大的精神力量。继承《诗经》的优秀传统，您我都是一致的，和学会的全体同仁也是一致的。

入夏，香江奇热，没想到上海、南京更热，应几家杂志、研究会盛邀，我出席了好几个会。诗人内心更热得一片红火。很关心您的健康，望多加珍摄。不断地在香港几家书店见到您在讲经，述中国文学，授诗词作品，您的行踪，已从中原，经香港，走遍五大洲。《诗经》从来是华夏诗故乡的源头，您和后继者将它发扬光大，值得钦佩学习。

鸡年颂歌

新年将至，先向您拜个早年：寄上《香港文艺家》第15期，头版有我的《鸡年颂歌》，请过目。还记得龙年您参加世华论坛吗？

我当时朗诵《龙年献辞》，匆匆又是四年过去了。至今我还记得您即兴朗诵的两首大作（《大公报》已载）。寄赠的纪念文集拜读，盛情可感；忠扬收到这珍贵的赠品后，嘱我向您致谢，祝您健康长寿，不断传才颂德。我们在香港的世界华文文学家协会理事，都向您问好！诗经学会在您的主持下生气蓬蓬勃勃，会务蒸蒸日上，我虽仅参加一次年会，已感受到浓郁的文化气息和热烈的学术气氛，这是世界华文文化的一个重要部分，和当代的世界华文文学遥相呼应。新加坡之行相信一定也很成功。祝在新的一年中取得更大的成绩！紧紧握手！（2005.1.24）

“我们何其相似乃尔”

从中国诗经学会《会务通讯》第 37 期上读到您《〈20 世纪诗经学〉大陆版后记》，对您的生平、研究和处世态度、人生抱负有了进一步了解。您说您老了，身体大不如前，这是自然规律。比您年轻的我进入古稀之年，也有同样感受。您说亲友劝您放弃一切工作，安心颐养天年，您则回答道：“我又哪能做到呢。”我尤其赞赏您的人生观：“人生追求的不应该是生命的时间长度，而是生命的价值和生活的质量。”您还引用《钢铁是怎样炼成的》奥斯特洛夫斯基的经典名言，而这不正是鼓舞了我们一代人的精神力量吗？这是我们的共同语言，我以有您这样的同志为荣！

您作为献身祖国、献身人民的革命知识分子，并不回避个人的人生需求，这正是您修养的体现。您忆及您的年轻时代，又谈及您步入老年，既顺其自然，又发奋有为，您说：“我理想的生活质量是能够顺情适性，自由自在地做自己喜欢做的事。”这是人生的至境。能达到此一境界，夫复何求？我们走过的道路大致相同，只是您在先我在后，我们的理想、抱负以及为此而付出的一切，又何其相似乃尔！我生于1934年的马来西亚，14岁就进社会大学，为宣传高尔基、鲁迅和新中国而被英殖民地当局逮捕入狱，18岁被其驱逐出境。虽然迄今我还不是共产党员，但一直信奉马克思主义，誓为人类解放事业而献身，九殆而无悔！

我有幸参加过一次诗经国际学术研讨会，对您为民族文化的传承所做的贡献十分敬佩。也因为如此，我们诚聘您为世界华文文学学会顾问和世界华文文学家协会顾问。“越是民族的，就越是世界的。”《诗经》研究早已走出中国，具有世界意义。您说得好：“民族文化是民族的命脉，一个民族的文化传承不息并发扬光大，这个民族就永远凝聚和昌盛。”您不愧是“中华赤胆一书生”！我们为有你这一顾问而自豪！

还记得在港时我曾带您去书店浏览吧？在那里您发现自己的几本著作在书架上，感到亲切，这说明您的著作已不胫而走，不仅在香港、台湾，也走到全世界。这是知识的力量，人格的力量，民族文化和世界文化的力量。

还记得在诗经国际学术研讨会上我赠您的一首诗吗？我写新体诗，虽不是用旧体诗的音调韵律和起承转合，但是《诗经》的赋比兴全在我的新体诗中体现。闻一多是著名的诗经学者，又是著名的新月派诗人，他的新格律诗所体现的现实主义和艺术传统，正是我所努力学习和继承的。

您赠我的诗，我拜读过了，虽奖誉过甚，但一片爱心诚意令人深受感动，更令人深受鼓舞。上次来港，您曾说要评介我的现实主义诗作，再次感谢您对我的器重。我一定以此为动力，不断鞭策自己，写出讴歌我们伟大民族、伟大祖国、不愧于时代的新国风！

《会务通讯》确实办得有生气，古今中外，汇合为一，传统和现实，二者不能缺一。感谢破例刊登了我的新诗，也希望今后适当发表闻一多式的新诗：有沉重的历史感，强烈的时代感，真正称得上诗的新诗。

为您和学会祝福，并祝华夏不拘一格降人才，代代传承下去！一桃顿首，2005 年 7 月 18 日于香港。

诗人黄坤尧以诗代柬八题

黄坤尧博士，香港中文大学教授，精研音韵，工传统诗词，为香港诗坛翘楚；与朋友交往以诗代柬。著有诗词《沙田集》《清怀集》，以及散文、评论等。

出席九三年诗经学会成立大会

西江月·石家庄诗经大会

玉米田连千顷，白杨挺立重霄。二南风雅正堪娇，遥望河间芝草。　　钦仰毛公胜迹，恭聆诗教琼瑶。温柔敦厚搭长桥，两岸同文催晓。

浣溪沙·奉呈夏传才教授

湖海相逢不计年，先生豪迈自悠然。一壶风月石门缘。　　弥勒常怀开口笑，酡颜霜染月眉娟，裁成桃李锦心缠。

青玉案·呈夏传才教授预祝北戴河会议成功

秋声初泛燕云路。惜良会，难来去。鹰角鲸鲵争竞渡。老龙沧海，长城内外，尽是寻诗处。　　石门月色思朝暮。赖有云笺系佳句。东望联峰心暗许。风骚鸿业，坛开微笑，洒落拈花雨。

寄赠《诗歌之审美与结构》

听说你要来港，非常欢迎。今年酒店比较紧张，最好能确定日期，我在中文大学先订好房间。上次搬家混乱，未能带你去海洋公园，非常抱歉。8 月桂林之会，由于暑假的行程尚待安排，暂时还不能决定；如果我来，我可以委托香港的旅行社代订酒店。日前寄呈拙著《诗歌之审美与结构》一册，大函未见提得，是否寄丢失了？念念。专此敬礼工作愉快。（1997.2.27）

黄坤尧谈香港诗词

大著拜收，谢谢。先生老当益壮，著述愈丰，令人羡慕，亦佩服不已也。日前先生过港，晚适有远行，仅通用音问，未能远迎，深以为憾。奉呈近作请正，多涉讨论，未必有当也。

近年香港公开的诗词比赛活动很多。新节镇文化教育协会从 1989 年开始举办“全港学界律诗创作比赛”，更为热闹。区域市政局从 1991 年起办“全港诗词创作比赛”，分公开组、学生组，单年比律诗，双年比词，今年是第八届，词调《南乡子》。近日报载复有公爱堂主办的“第一届全港中文诗创作比赛”，分新诗组、旧诗组，每组再分公开组及学生组。兼容新旧、风气已成，未尝不是好事。

香港诗坛卧虎藏龙，民间有很多优秀的诗人，平时写诗自娱，可惜读者不多，更难得有公开发表的机会。近几年来，全港诗词创作比赛，都能选出很多优秀的作品，大家有机会碰面，在高水平的层次上切磋诗艺，这很自然地成为香港文化的重要组成部分。

洽川诗经研讨会

洽川诗经研讨会呈夏传才会长

廿年奔走愈精神，诗学弘扬第一人。
走出五洲情怀壮，来寻六义物华新。
河间愧未随前骥，黄土犹能振三秦。
最是洽川风雅地，合阳高会觅古津。

2006年3月21日至24日，中国诗经学会及合阳县人民政府联合举办“诗经发祥地国际考察团洽川研讨会”，洽川乃周南故地，印证《关雎》诸作，别开生面。

洽川二首

千里黄河五帝家，洽川文教显精华。
周南故地风情朴，芦苇争春映杏花。

帝喾陵在洽川莘野村，谒陵之日，夏传才会长上香，同人鞠躬致祭。

千古关雎水一方，洽川原是美人乡。

河洲窈窕神泉涌，铜鼓和鸣荇菜香。

《史记·周本纪》云：帝纣乃囚西伯於羑里。闳夭之徒患之。乃求有莘氏美女，骊戎之文马，有熊九驷，他奇怪物，因殷嬖臣费仲而献之纣。纣大悦，曰："此一物足以释西伯，况其多乎！"乃赦西伯，赐之弓矢斧钺，使西伯得征伐。"一物"指有莘氏美女。

镐京观

凭吊遗踪一泫然，东周人去剩荒烟。

镐京观里遗民宅，来拜武王神像前。

镐京（宗周）在今长安县东南。镐京观乃北魏建筑，入门有观音殿，后殿则供奉武王塑像。

第八辑　内地书简

吴奔星与夏传才通信四函

吴奔星（1913—2004），湖南安化人，诗人，文学评论家，中国民主同盟原中央宣传委员，新中国成立后任江苏师范学院教授，反右运动中定为“右派分子”，下放劳动。1978 年摘掉帽子，任南京师范大学教授。全国作家协会会员，江苏省作家协会顾问。主编有《中国新诗鉴赏大辞典》《当代抒情诗拔萃》等。

吴奔星致夏传才

传才兄：您好！济南会议很想参加，文章也拟以“诗经与虚实美学”为题略抒创见。只因年龄、体质毕竟老了，老学长张松如去世，也给我很大刺激，不敢轻举妄动了。好在尚有半年之久，到时再联系。足下多次出国出境，诗文亦颇丰，可谓老当益壮，但谨慎保重，仍不嫌多余。会长之职，似可让贤了。但足下较我小得多，再干几年也好。石家庄我去过几次，现在很想念您和父子诗家刘章刘向东，你们都是燕赵豪杰之士。嫂夫人贵体如何，遥祝康泰。吴奔星顿首　1999.1.17

夏传才致吴奔星

奔星老兄：惠书奉悉。老兄长我11年。我先向你拜年，祝福健康长寿。

与兄相知50年，迩来老友相继凋零，当年来今雨轩谈诗论艺，今仅存者，你我耳。忆新中国成立初期，京华聚首，你我均风华正茂，尔后各遭厄运，兄在江南，弟在塞北，贬为贱民，驱为徒役。其时，关山遥阻，鸿雁不通，彼此吉凶难晓，弟在东大荒狂风冰雪之夜，常思及吾兄儒雅风流和对朋友火一般热情，心头便热烘烘的；而思及吾兄之耿直，又为之担忧。1979年平反返京，于王亚平兄处得知吾兄仍滞留原来的发配地，实为之不平，为之呼吁。后与兄联系上，相交愈密，又20年矣。

20年中讨论学问、切磋诗艺，共同编书，合出诗集。治学时蒙鞭策，诗艺多承指拨，结莫逆之交；秦淮河漫步，北戴河同泳，两家朝夕相处，亲密无间，缔通家之好。似这般50年的朋友，世间能有几人？兄寓居金陵，弟诸事蹉跎，未能时常南下相会。1996年初于成都闻兄染恙，当即飞宁探望。时兄之生活起居，概由小保姆护理，见兄步履蹒跚，垂垂老矣，不禁心酸。但案头书刊成摞，桌上有未竟文稿，对老兄老来凌云健笔和治学之执着精神，又不禁心折，自愧弗如。以后弟每当偷懒时，便以老兄为榜样来鼓励自己。这几年来，时时如兄在身畔，不敢倚老而偷闲。肃此百拜。

吴奔星致夏传才谈颐养为主

传才兄：正接徐州师范大学函，今年4月邀请你我二人前去讲学。20世纪50年代我被打成右派，下到该校资料室劳动20年，你少年时代也在徐州读中学。我们和那个地方都有缘分。岁月蹉跎，回首往事，扼腕一叹耳。到徐州时，你我再聚首畅谈，当是快事。

世人多为功名累，老年专心治学，不问世事，注意保健，以颐养为主，应是明智之举。余日无多，读读书、写点诗，偶尔写篇文章，岂不省心，何必搅进事务之中？事业发展而规模扩大，事务就多了，平衡人事关系，解决各种纠纷，已不是我们所可胜任的了。入春气候多变，诸希珍摄。弟奔星顿首　2004年1月20日

夏传才复吴奔星

奔星老兄：惠函奉悉。人在老年，自应注意保健，此弟与兄所应共勉者也。老兄近九旬高龄，今年4月相会时犹云："一息尚存，笔耕不辍"。兄有此为文化献身之精神，弟敢不以为楷模乎！保健，只是为了多做几年工作，若不能工作，活着何用？本此理念，近十年，弟为传承中华文化、促进学术发展，推进改革开放与祖国统一，投入我生命的最后时段，也投入了我的大部分经济收入，岂为谋一己私利乎？

我这个人，一天不看书，不写字，心里没着落，简直不知如何是好，就没法过日子。这一点，我与老兄确是难兄难弟。既然

这样活着舒适，那就顺情适性随心所欲吧，别累着就行。我要劝你的，也是这句话。

惠书谆谆教导以颐养为主，多做点诗、写写序，少做论文；关爱之情，溢于言表，诚知己之言。君谓“世人多为功名累”，旧的新的科举功名，旧的新的八股文章，弟一向鄙弃。早年生于民族危急存亡之秋，接受“五四”科学与民主教育，投身于民族解放洪流，虽半生于沙场和牢房中度过，九死余生，几曾有过富贵梦？幼时迷于诗，学习60年，却从未以其安身立命，也从未写出一首可传世的诗，仅仅个人遣怀而已，很少拿出去发表，何尝有“名”？至于治学，弟生也不幸，前半生哪有多少时间读书？功底不够，成绩平平。我之治《诗》，乃时代之使然，如1982年老友王亚平赠诗中有句：“文山诗海探索远，雪地风天行路难；不使才力付流水，独抱经骚苦钻研”。在那个时代，这是我唯一能够做的事。既然上了山，那就只有向上爬了。关于办会，盖为有益于传承民族文化，促进祖国统一，加强世界和平，原来没想到当今办事这么难；但既已支开摊子，不能看着它垮掉，只有强撑到今。受命以来，虑成者少，至今基业未定。知其艰难者谅弟老朽，不知其艰难者责弟无能，五年于兹，此谓“名”乎？

学会是社会学术团体，其经费，一无政府拨款，二无企业家赞助，三未与国际的文化基金会挂上钩，四不准创办经济实体。有人谓当代主战场是经济战线，当代英雄是企业家，难道果真如此吗？弟一过河卒子耳，能为传承民族文化保留一席之地，予愿足矣，此岂“名”耶？人老行将入炉化为灰烬，夫复何求？东风送暖，春回大地，即颂近祺，2月11日。

张松如（公木）书信六函

张松如，笔名公木（1910—1998），诗人、学者，曾任中央文学讲习所所长、吉林大学副校长，中国诗经学会发起人之一、学会顾问。松如教授于体弱多病的耄耋之年仍孜孜治学，一贯热心支持学会工作，以高龄先后参加石家庄、北戴河两届会议，都提交论文，并于1996年夏偕同夫人吴翔来石家庄访夏传才，面赠条幅录老子名言，并推荐他的助手郭杰为学会理事，嘱予多指点。兹选有关书信如下。

在桂林召开会议是好主意

北戴河会议后，转眼三阅月。这中间曾一度赴京，参加作协文讲所学友联谊会活动，顺带列席了作协召开的庆祝抗战胜利50周年座谈会，会见了不少多年不见的老同志，心情一直在兴奋中。归来上课，讲授《老子》，原拟借机会写一份讲稿，写了两章，太吃力，语言枯涩，心力不继，停了。好在有一本《说解》，可代作讲稿，就这样对付了一个学期，现在已近尾声。下次诗经会，决定在桂林召开，是好主意。由地方负责会务，自然方便。具体组织，还要派人前往经营，已开过两次，有了经验，对于莅会者，多方面都要关照周到，这不容易。近作自寿诗一律，请吟正。（1995年12月20日）

玄冬吟

少年意气学屠龙，宝剑虚悬长夜鸣。
道有精粗傻乃大，诗无今古放而雄。
移山亚赛愚公拗，喝酒伴追太白疯。
春有百花秋有月，乾雷酸雨走飞虹。

翘首南天，不胜依依

读来示，尽悉桂林诗会筹备就绪，又值香港回归，届时定有一番盛况。无奈体力不支，难任远行，这次学习机会，恐怕要错过了。实属遗憾之至！至于会务安排，如何换届，自当由兄台与诸同仁酌定。相信会务今后会越办越好，大家团结向上，做出巨大成绩来。翘首南天，不胜依依。特致敬礼。1997年4月4日

研撰《诗经通解》

久疏音问，时深遥念。桂林会议，想已筹备就绪。我以体弱难以成行，非常遗憾！现在特推荐郭杰同志代我一行。郭杰同志是杨公骥同志的博士研究生，1990年毕业后，来吉大中文任教，

和我合作编著《中国诗歌史论丛》，已于去年完成；从近日起，继我来从事《诗经通解》研究工作。我上届会议的论早周史诗的未完成稿，他在着手续写，期于近日写成一本小册子。希望您给他补发一份邀请信，以便出席拟于8月召开的桂林会议。

公木《世纪谣》

顷读《会务通讯》，得悉兄台年来游学港台，以诗会友，交往颇广，创获定丰。会务亦迅猛发展，桂林会议顺利筹备，预期定然会有一番盛况，非常高兴。

非常扫兴的是我自今夏以肾炎尿毒症病倒，厌饮食，难行步，初疑胃癌，住院诊查，断为肾病。近半年来，与友朋俱疏音问，基本上亦废读写，迄今尚在挣扎中。几次颇具有意义的学术活动都未得参加。只有今年冬12月间预备召开的第五次中国作家协会代表大会，吉林省组代表团又把我列上，我也想再走一遭。此会过了10年，才得开这一次，此生大约也就这一回了。

得周蒙、庄严同志信，都说准备前往桂林，相期一会，伐木叮叮，鸟鸣嘤嘤……神之往之，终和且平。寄《世纪谣》一首，以诗会友。

纸短情长，意丰言枯，匆此即致敬礼。1997.5.27

世纪谣

紫气东亚大化新，锦云何惧倒寒侵？
幽灵转世中华相，古树著花举世钦。

费耳乾雷招旱魃，浇头酸雨惹妖氛。
回天赖有鲁阳戟，犹待攀登披棘榛。

与疾病搏斗废读写

久违，甚念。午间收到惠寄大著《十三经概论》，情如晤面，不胜欣喜。一个下午，翻阅了第一章前七节，略识规模宏伟，诊断明晰，的确是一本好教材。所以课程很受欢迎，不只是由于“传统文化热”，主要还是基于内容质实丰富，自然会引起读者的兴趣。我一定把它置诸案头，一章一章读下去，从中会学到许多知识。

病肾已到后期，医生束手无策，只依广告购吃中药，在奋斗中。反正是高龄人了，我相信“灰色理论”，在“黑白”搏斗中，犹处“灰色”状态。去年曾一度厌食，废读写。近来有好转，能吃一些东西，恢复了前年的饭量。每天报刊都看一遍，只是记忆力差，写作也迟钝了，丢三忘四，慢慢来吧。今年由两位青年同志帮助整理堆积的旧稿，订了个计划，先从《诗经》开始，将来少不了向您请教，希望能多多得到指正。言不尽意，匆匆致礼。公木 1998.3.5

公木谈他的新课题

好久未通信，时深遥念。前些时你曾说过，有来长春看看的意思，不知能否成行？何善周同志去冬曾去加拿大，原说要久住下去，如今又回长春了，看来还是热土难离。虽然我们同住在市内，因病难于行步，长年也很少见面，如果我们能有机会聚谈，畅何如之！

现在有一件事想向您反映，并请予指教。我虽久病，并废读写，但在同仁怂恿下，今年夏天申报了一个课题项目：《夏商周村社文化演进下的诗经文本研究》。主要内容分三部分：（1）诗经研究；（2）诗经文本研究；（3）诗经语言研究。近半年内集中精力作准备，明春开始写。先由文本写起，逐篇撰写题旨、语译、笺注、韵读、说解，在具体篇章译注过程，注意积累有关文化及语言问题的资料，然后再分解或并行写下去，计划三年完成。

我以文思迟滞，自知难能再有多少创意，主要依靠两位年轻的同志偕力进行，两位同志都是1996年吉大毕业的同学，都不到30岁。一位是赵雨，一位是卢雪松，精力旺盛，颇有才华。我只把几十年来积累的一些讲义、笔记、文稿收拾一下，交给他们去加以整理、生发、扩充、补缀，等于在一棵老树根上接栽新枝，要依靠新枝开新花。这是我的想法。您如同意，请您指导他们，我想让他们前往向您汇报、请教。不知意下如何？近来您在做什么研究？未悉身体如何？请函示。1998年8月29日

附：宋谋瑒教授谈1950年代与张松如先生的论争

于淑月给大会提供的论文，她以为大会论文集已决定收入，就不必修改了。论文我也看过，实际是调和郭老与公木先生双方的见解，而仍回到鲁迅。郭、张二公各执一见，恐怕都有偏激。公木先生我至今未尝谋面。1957年春夏之交——我那时只有二十多岁，与他在《长江文艺》上有过一场笔战。我有一封公开信批评他，他有《再答复宋谋瑒同志》驳我。不料紧跟着他和我都成了“右派”，就不了了之。现在来看，公木先生是对的。

汤炳正夫妇北戴河赋诗

汤炳正（1919—1996），山东荣成人，中国屈原学会会长、中国诗经学会顾问、四川师范大学教授。

得来书及邀请函，本应及早作复，因健康不佳，稽迟至今，深以为歉。炎黄书社方面，迄今无来信，消息断绝；只有任之，成事之难，于今为甚。

北戴河胜地，虽是旧游所及，但诗酒盛会，今非昔比。只要健康允许，定当如约前往，借此会友话旧也。会议筹备工作，本极繁重，而兄却事必躬亲，其疲惫可知，此特令弟敬佩，亦令弟担心，望多多珍摄是盼。回执一纸，附奉，请查收。只此祝新年康乐。（1994.12.19）

和夏老《山海关有感》原韵

闻说将军守天险，雄关易帜为红颜。

如何同是倾城者，姜女芳名万口传。

北戴河诗经会议即兴三绝

其一

自古葩经无楚什，久闻燕赵有诗林。
河间宾客今谁在？喜逐时贤会蓟门。

其二

雅集高楼酒兴浓，波涛遥望水云东。
古今代有才人在，谁掣鲸鱼碧海中。

其三

北戴河边沙似雪，榆关城外浪连天。
当年魏武挥鞭处，犹有诗人话建安。

诗词吟诵会抒怀

潘芷云

闻道河关好，欣然到此间。
座延四海客，楼揽九秋天。
酒饮三杯易，诗成一字难。
风云际会日，秉笔谱新篇。

（潘芷云，女，1917 年生，汤炳正夫人，时有夫妇唱和之作）

顾易生三函

顾易生（1924— ），浙江海宁人，复旦大学教授、博士生导师，中国诗经学会原副会长。所撰《中国文学批评史》为全国通用教材。

访美访台

赐书敬悉，甚感雅意。两次联床夜话，相契殊深，驺有前缘，所不敢忘。

美国之行，历时四个半月。初为西雅图华盛顿大学访问学者，再访问了加州大学政文分校，乘此漫游了美国西部，自北至南，也去了加拿大温哥华。至于东部，则留等异日矣。上周12日返沪，至今时差尚未完全适应。

4月间弟在台湾行程颇费周折。自上海飞港为一日，去旅行社办正式证为一日，又自港飞台为一日。然拜读大作，谓日午辞京门，日暮达台湾……不知道通过何种捷径？便中乞示先进经验。盖弟于12月中下旬又将赴台参加国际赋学研究会，正为旅途踌躇也。

明年盛会回执，待于论题拟定后一并奉寄，会费当另行汇上。

只此敬颂著安。（1996.11.21）

联床夜话待诸明岁

弟自6月初入医院，攸迩六周，如在狱中。今贱恙虽未完全痊愈，而种种疑点均已排除，故于日前要求出院，在家休养一段时间，改服中药为主，当可恢复正常，幸释垂念。惟此次桂林盛会，未克参加，不能畅聆教益，而联床夜话当待诸明岁矣。遵嘱凑成七绝一首，聊挥就条幅，托我校徐志啸博士带上。徐兄近日从韩国讲学归来，已决定趋赴诗经之会。专此即颂夏祺。顾易生拜（1997年7月17日）。

乙亥日于北戴河参加第二届诗经国际学术研讨会漫成一绝，呈传才兄

秦皇虎视今安在，魏武挥鞭只霸才。

千古诗骚悬日月，今波涌处晓云开。

归国著述教学

弟已于去年底由美返沪，杂事冗集，未遑问候，然时以为念也。得知玉体曾感不适，而检查下来，尚无大患，可喜可贺。诗经学会在兄之领导下，成绩斐然，厥功甚伟，有口皆碑，甚盼能为之多掌舵几年也。

弟自去年以来，着手修改《中国文学批评史》（三卷本），预

期今年底杀青。两载前博士毕业生李笑野君（曾参加诗经学会，现为上海财经大学副教授）近著《先秦文学与文化》一书，内容主要关于《诗经》与《周易》，弟为之作序，大约年内可以出版，届时当奉呈请教。去年弟招得博士生谭德兴君（原贵州大学张启成教授硕士生），于三家诗有一定钻研功力，待有适当成果，亦当寄请教益。

去秋弟之家乡浙江海宁，“徐志摩故居”修复开放，今春弟应征书就七律一首寄往，闻已陈列馆内，今另纸另写，聊博一哂。今年7月弟拟去澳门大学参加中华词学国际研讨会，未知明年诗经学年会约于哪一季度召开？届时若有机会，当趋前候教，再谋联床夜话也。敬颂寿祺。弟顾易生拜　2008.3.12

褚斌杰书信三通

褚斌杰（1933—2006），北京大学教授、博士生导师。中国屈原学会会长、中国诗经学会副会长。著有《中国文体学》《诗经全注》等。

欢迎来北大讲学

又多日未会，想一切佳胜，惠赐大著《十三经概论》，甚感甚佩。文献丰富，深入浅出，使古老的“经书”呈现出新面貌，并有很强的导读性，有益于学林多矣。我已将尊著列为先秦研究生必读书，并欢迎有机会来北大讲学，亲临加以指导。我因去秋患胃出血，身体一直较弱，近又忙于北大百年校庆，杂事猬集，没干什么正经事。屈会订于今年5月中旬在深圳开，您能莅会指导否？届时正好一聚。专此布达，即颂泰祺。褚斌杰拜　1998.4.4

劝少吸烟为好

久疏问候，想一切佳胜。去年8月济南盛会，本应前往，正可欢聚，但因当时酷暑，身体一直不适。其原因是我住五楼（顶层），气温奇高，室温竟达38.30度，又有一天全舍区停电，以致身体不能支持，罹中暑，幸及时去医院，方未出大问题。开会期虽身体稍有恢复，闻济南亦大火炉，遵医嘱不敢前往了。听说大会开得很成功，甚喜，但我一直深感遗憾和抱歉。

从近期《通讯》得知，您身体恢复得很好，这与你的达观很有关系，但年事已高，还望多所珍摄，无过操劳，有事还请年轻人多帮忙做些。这些年会务压在你一人身上，我们是“大树底下好乘凉”，既感谢敬佩，又心中过意不去。您萎缩性胃炎，吃什么药，还需重视。我几次查胃镜，亦断为萎缩性胃炎，据云老年人患此病，容易发展出大问题，不可以疏忽轻视。我现在遵医嘱，每半年查胃镜一次，并天天吃药。据云，吸烟对此病甚不利，我与您一样，亦吸烟太多，近已稍有节制，终还旧习难改。我亦劝您，如一时不能根戒，也以少吸为好。我的小书《诗经》出来了，呈上，请郢正。由于此套丛书性质限制，只限30万字，实际只是个读本而已。

有机会来京，欢迎莅舍下快叙。在此面达，颂春安。弟褚斌杰拜上2000年3月22日

学会友人众所殷望

久疏问候，时在念中，顷接大札，藉知近况，下怀甚慰。先生身罹多种病症，但皆属老年常见病，平时注意调适，当无大碍。

由先生发起创建的诗经学会，办得有声有色，在民族文化传

承上，做出贡献，在学术史上，其功不可没。我虽蒙先生不弃，相约共事，忝列学会任职，而多年来大至全面运筹，小至具体事项，全赖先生一人之力，自己限于能力，很少为先生分忧。至今思之，不无愧疚。平时与先生交，先生既富诗人风采，又备学人才识，不胜敬佩之至。尚望多所珍摄，身体健康，乃学会之幸，亦诸友人之所殷望也。

我近半年来，身体亦出现问题。其缘由是于今年 4 月查体，查出肺有阴影，经住院治疗，谓稳定而有好转，现在家中吃中药调理，情况尚好，可勿劳念。明年诗经研讨会，是否能成行，还要视身体情况来定，尽量争取吧。时属深秋，冷暖不定，祈珍摄为感。

褚斌杰拜上。2005 年 10 月 10 日

向熹书信四函

向熹，当代语言学家，四川大学教授、博士生导师。著有《诗经词典》《简明汉语史》《诗经语文论集》（获国家图书奖）、《诗经译注》（国际莱比锡书展评为“最美的书”）、《简明古汉语词典》等。

赠寿联

您好。元旦和春节都给您打过电话，没有打通，可能时间不对。听李索教授说，嫂夫人不幸仙逝，您失一位相伴半个世纪的亲密爱侣，悲痛的心情可以理解。谨向您表示深切的慰问，望千万宽慰为怀，保重身体，长命百岁，乐享天年，嫂夫人亦应安心于九泉也。

今年在避暑山庄开《诗经》会，并为您八十寿祝，弟当与内人一起参加，向您表示敬意和祝贺。撰寿联一幅，兹附上。弟于此道很不在行，没有文采，只是一点诚意，望勿失笑。敬颂寿安。弟向熹上 2003.3.15

附寿联：

读四库书铸新熔旧真学者

谈学会和研究

您好！来示刚收到。大嫂辞世，您著述之余，要应付各种烦心的人事关系，回家没有大嫂的安慰，孤单的情怀弟能理解。十多年来，您为诗经学会的事竭心尽力，厥功甚伟。这也是您学术的高峰和人生价值所在。如果您下来，弟很为学会的前途担心。有的同志是博导，职称上没问题，但要四面八方照顾得好，恐怕未必；至于有的人把这当作官做，想借此显露头角，更是等而下之了。弟意您如身体允许，就再连任一届，我们是民间组织，不一定要政府决定领导人选。

年来弟忙于改写《简明汉语史》，无暇他顾。久疏问候，望先生谅。此书已出版十余年，现在不少人还在用，一些高校还定为必读书。怕误人子弟，非修改不行。写东西素来很慢，恐怕还要一年才能完成。弟无德无能，不能做别的，还有一两部书希望能够写完就可以了。

袁梅先生最近寄来《楚辞辞典》，很不错，老而弥壮。

山庄的会，弟要参加，内人则因身体欠佳，不作此行。我们拟于7月初去珠海，届时弟再由珠海北上。文章去年已写好，而且发在一个刊物上，题目是“苏辙和他的《诗集传》”，本想另外写点什么，杂事多，只好作罢。

李行健兄的《规范词典》有不同意见是自然的，《现汉》一摊子的人就不服气。弟意做事总比不做事好；有意见可以另搞一个更好的出来，百花齐放更好。此类争论，弟一概不参与，双方都是好朋友。

余不一一，即颂撰安！弟向熹敬上　2004 年 4 月 29 日

改写《简明汉语史》

您好，久疏问候，甚为想念。您老当益壮，精神焕发，以高寿之年，仍努力工作，为诗经学会做出贡献，且时有佳作问世，十分钦佩。弟常以先生“宁愿做牛，不愿做猪”的名言自勉，可惜未能实践。内人多病，孙儿上学，家里家外，疲于奔命，用于业务上的时间甚少。心有不甘，亦无可奈何。

几年来改写《简明汉语史》，大体已告一段落，增加了约 20 万字。此书曾获国家教委科研二等奖。汉语通史方面的书，除王力先生的《汉语史稿》，只有弟的这一部，青年学者甚是需要，来信询问的人不少，所以弟花了几年时间做修订改写的事。我不想此书仍在高教社出版，也没有和其他出版社联系，以后再看。

通知收到，这是您的又一大手笔。十分感谢。去陕西考察学习，尤其是去看看周王朝兴起的地方，弟最有兴趣，按时定当参加。

听何慎怡说，您不久前又一次去过香港，旅行也辛苦，望多保重。弟向熹上。2005 年 11 月 6 日。

修订《简明古汉语字典》

给您拜年，很想念您，祝您新年快乐！万寿无疆！阖府清泰！

《诗经译注》商务已出；《诗经词典》商务亦在出版中，以后将一并奉上请教。《汉语避讳研究》已大体完成，目前正在修订《简明古汉语字典》，商务催着5月交稿，所以较忙。贱体尚可，能吃能睡，只是记忆力差了。很想再见到您。向熹　敬上　2014.2.3

陈桐生论“四始”和《鲁诗》无正变说（外一题）

先生：不久前我写了两篇《诗经》论文，现述其要指。

一是《重评“四始”》：历来论“四始”者只有魏源《诗古微》影响较大，但魏氏立说多有不可通之处。窃意以为，论《诗》提出“始”的概念，乃出于战国秦汉之际文化学术界重始的风气。《鲁诗》的“四始”，是为《诗经》确立了四大主题：《关雎》为《风》始，是提出要重视王宫问题；《鹿鸣》为《小雅》始，是提出尚贤主题；《文王》为《大雅》始，是提出崇德主题；《清庙》为《颂》始，则是提倡孝道。这些主题都与当时的礼学有关。从西汉中期来看，“四始”是当时一个非常重要的诗学观点，广见于汉籍。而“六诗”、“六义”是在《毛诗》流传后才渐渐取代了“四始”。

二是《鲁诗无正变说》。历来学人对于《关雎》《鹿鸣》既作为刺诗，而又居于正风、正雅之首的矛盾现象不解，因而有种种猜说。检读汉籍可知，《鲁诗》无风雅正变之说。讲风雅正变乃出于《毛诗》，而《毛诗》讲正变，是吸取春秋公羊学的经权常变的概念。前人误以为三家诗也有风雅正变说，才产生了上述千古学案。

上述几点不成熟的想法，乞先生指正。《史记与诗经》正在紧张的写作中。预计可在9月底完稿，17万字左右。书成，寄请先生赐序。（1996.4）

奇翁夏传才先生八秩寿序

天地恶夫凡庸而好奇。故山以悬崖绝壁峭拔峥嵘为奇，水以飞湍激流冲波逆折为奇，石以突怒偃蹇千形万状为奇，木以伟岸劲遒傲指苍穹为奇。轻云平舒，风卷之奇；溶洞幽通，水滴之奇。士亦有奇，激于困厄，卓然树立，此士之奇也。投笔从戎，又束甲执教，既幽系于国民党，复为共产党所拘囚，先生之际遇，固亦奇矣。三面红旗年代，先生被莫须有之罪名，入遣北疆，与牛马羊豕为伍，备尝艰辛，不见羲月，历二十年。夏门高足郝建国君为余言。“文革”之中，红卫兵鞭笞先生，背部鲜血淋漓，皮肉尽烂，有不忍言者。所历磨难，虽苏武使胡何以过！呜呼，当是时也，贤士之不堪凌辱而相继激愤自缢、投湖、跳楼、割腕断脉动者，不可胜数，以先生禀燕赵慷慨悲歌之气，体诗人鸷鸟不群之性，而终能于屯难之中摧刚为柔、咬牙存活者，不亦奇乎！岂非自负其才，欲有所用其未足，以待天旋日转蒸龙变者哉！迨先生否极泰来重返教台，已近养怡之年矣。于是下帷发愤，潜心治《诗经》学史，比三年，而成《诗经研究史概要》，首开学术史研究之风。越十载，佳作迭出，蜚声文坛。因感嘤鸣求友之义，遂首唱筹建中国诗经学会，海内之士，云集景从；八方鸿儒，咸推盟主。先生于是虚其怀，敞其门，握其发，吐其哺，学不分宗派，人不辨少长，迎方外之英逸，纳天下之才俊。虽管窥蠡测，必珍重其言，而况博闻饱学、会通今古、下笔琳琅者乎！于是学会之中，群情振奋，家家自谓抱荆山之玉，人人以为得隋侯之珠，是以精英咸集，俊才云蒸，学会得人，于兹为盛。先生因谓治《诗》者不能无吟，故每于雅会之际，邀集酒朋诗侣，弦歌讽诵，方其盛也，南歌渡江，北咏长城，览津门之浩渺，登岱宗之高崇，寻河间之遗迹，阅承德之凉韵，傲雅觞豆之前，雍容衽席之上，洒笔以成酣歌，和墨以藉谈笑，并志得而意扬，兴举而思飞矣。先生又思赐也切磋琢磨之德，以古稀之年，应友人之邀，传道星国，授经扶桑，讲业台港，夺席南韩，故声名远播，四海称奇。主盟十载，《诗》学大盛，使中华诗国辉光日新，毛郑孔朱欣慰九泉，先生之力也。故奇士任而天下服，一人用而《诗》学兴，有诗翁如此，岂不亦大奇乎！

湖北大学教授陈桐生博士　2004

叶蓬：夏教授答记者问（并序）

中国诗经学会会长、河北省诗词协会副会长夏传才教授，应邀先后出访各国及港、台归来，诗词界吟友为之接风洗尘而欢聚。席间，夏教授浸叙见闻，话及某报记者曾有一问：据我所知夏先生在一次政治运动中冤遭整肃，您怎么还为共产党说好话呢？夏教授答词颇涵诗情哲理。予随浸笔以七古记之。

承蒙记者先生问，钦佩业精信息灵。陈谷烂秕过半纪，翻唱老调不中听。

黄河九曲奔东海，水复山重奇境开。目不暇接联翩来，新天新地壮襟怀。

个人得失终了了，兴国大业要吾曹！小龙蔓舞开先导，巨龙腾跃禹甸娇！

偶有寒风斜料峭，坚挺长城撼不摇。悬河飞瀑浪滔滔，骚客风范逸兴豪！

我为夏兄举大觥，斗酒百篇似又听——连床夜雨谈《诗经》。

1999年元旦草于含雪斋。（作者为河北诗词协会会长）

刘章：我的财富是朋友

没有黄金，没有高楼，我的财富是朋友。
我走在人生的路上，有温存絮语的问候。
痛苦时，飞来微笑的目光，
跌跤时，伸过温暖的双手。
啊，朋友的心贵于金，朋友的情浓于酒。
友情谁也抢不去，谁也夺不走。
我多么富有，我的财富天长地久！

新出简帛国际学术研讨会纪要

朱渊清的来信和来文

中国诗经学会理事、上海大学朱渊清博士来信说：

上博简《诗经》部分在《文汇报》2000年8月16日公布，照片有两支。上博简实际上是请李零来分类的。去年李零在上博曾作三次小型的工作报告，我有幸去了。今夏在清华思想文化研究所，又有幸旁听了“新出简会议”。会上马馆长介绍了《孔子诗论》，但裘锡圭先生认为是卜子，即子夏。会下我又问了李学勤先生和李零先生，学勤先生肯定是子夏，李零先生不改旧释。我想你对此一定很感兴趣，所以寄上回来整理的纪要供参考。

又：上博孔子诗论简，大家都关心。但《文汇报》仅公布二支，我就其中第一简作了篇小文字，发表在庞朴先生办的简帛研究网上，今寄上请指正。

研讨会纪要

2000年8月19日至22日，由鲁斯基金会和达慕思大学资助，美国达慕思大学亚洲和中东语言系艾兰教授、北京大学中国考古学研究中心李伯谦教授、中国社会科学院历史研究所兼清华大学思想文化研究所李学勤教授共同主持，“新出简国际学术研讨会”在北京达园宾馆召开，北京大学赛克勒博物馆同时展出了简帛原件。饶宗颐、李学勤、裘锡圭、庞朴、陈鼓应、李伯谦、马承源、李零，以及艾兰（Sanrah Allan）、谭朴森（Paul Thompsom）、安乐哲（Roger T.Ames）、瓦格纳（Rudolph Wagner）、夏德安（Donald Harper）、马克（Marc Kalinowski）、池田知久（Tomohisa Lkeda）等近百名国际著名汉学家参加了会议。

19日上午会议由李学勤主持。先由艾兰介绍会议缘起。上海博物馆马承源作了《竹书〈孔子诗论〉兼及〈诗〉的有关资料》的长篇主题报告。上海博物馆藏简1994年购自香港，除《诗》外，还有《易》《礼》等经籍内容。饶宗颐、裘锡圭就马承源报告提出了问题。裘锡圭指出“孔子”重文宜释读为“卜子”合文，卜子即子夏。上海博物馆濮茅左作了补充介绍。张光裕介绍了收购这批竹简的经过。

19日下午会议由李伯谦主持。湖南省博物馆陈松长介绍香港中文大学文物馆所藏简牍的内容和价值。湖南省文物考古研究所张春龙介绍了湖南慈利楚简（灵溪楚简），这批楚简中有《逸周书》《国语》以及被认为属于《管子》的内容。河南文物考古研究所宋国定、郝本性先后介绍了河南新蔡平夜君墓及其楚简。随后，裘锡圭、瓦格纳、陈鼓应等进行了提问和讨论。20日上午会议由谭朴森主持。李学勤作了《马王堆帛书〈式法〉》的主题报告。1973年底马王堆帛书出土至今20余年，《式法》一直未能公布，重要原因是《式法》保存情况相当差，目前整理工作已基本完成。与其他选择时日吉凶的日书比较，帛书《式法》保留了更多的楚地术数。帛书时间应距秦始皇二十五、二十六年不远。饶宗颐、马克等分别就其学派归属和式法技术及命名等问题发表谈话。

20日下午会议由池田知久主持。大会就帛书《式法》进行深入讨论。陈松长、李零、夏德安、池田知久、马克、瓦格纳、叶山（Robin D.SYates）、吴振武、范毓周、艾兰、庞朴、汪涛等发表了各自的看法并进行了激烈的争论。

21日上午会议由安乐哲主持。湖北荆州博物馆王明钦介绍了王家台秦简《归藏》。王葆玄、柯鹤立（Consiance CooK）、瓦格纳、李学勤、陈伟、庞朴等发言肯定了《归藏》的重要意义。湖南省考古研究所郭伟民介绍了去年发掘的虎溪山汉简。马克、陈鼓应、陈伟分别对式盘、沅水交通和经济等发表了见解。瓦格纳、麦安迪（Andrew Meyer）等谈到了楚简的意义及汉人的普通知识水平等问题。

21日下午会议由马承源主持。河南省文物考古研究所郝本性、赵世钢介绍了温县盟书。现已认定盟书年代在公元前497年，主盟人是韩简子。哈佛大学罗凤鸣（Susan Weld）和达慕思大学魏克彬（Cnispin Willams）介绍了利用数据库整理盟书的方法。湖北省文物考古研究所张昌平介绍随州孔家坡出土汉简。从所发现的历谱分析出汉简的M8年代是西汉前期。与会者有若干提问。

21日晚，河南省文物考古研究所宋国定介绍了小商桥发掘情况和新出陶文。庞朴介绍了中国简帛网站。部分代表参加。

22日上午会议由裘锡圭主持。专题讨论郭店楚墓竹简。魏启鹏、刘信芳、瓦格纳、白一平、贝山（Sandor P.Szabo）、李学勤就儒家、道家、墨家和术数四方面予郭店楚简以高度评价，认为郭店楚简较全面地反映了公元 4 世纪前后中国学术和文化。

22 日下午会议由艾兰主持。胡平生发言认为阜阳汉简中的卦画不是数字卦，李零认为数字卦和阴阳卦可能是二个系统，对上海博物馆藏简中孔子重文问题发表了看法。丁原植、近藤浩之（Kondo Hiroyuki）等其他众多与会者也各陈己见。最后，李伯谦作了总结发言。大会闭幕。

23 日下午，由清华大学思想文化研究所主办的新出简帛研究座谈会在清华大学甲所召开，主持人李学勤，参加者计约 20 人。李学勤回顾了清华文科的发展，并着重提到了 75 年前清华四导师之一的王国维也在这里作的关于未来学术走向的伟大预言。廖名春就清华简帛研读班的读书状况做了发言。彭林、戴卡琳（Carine Defoort）、何莫邪（Christoph Cook）、丁原植等也就出土简帛研究交流了看法。

会议期间，北京大学赛克勒博物馆展出了部分简帛原件。包括湖南省博物馆藏：长沙马王堆墨书医简《合阴阳》、长沙马王堆帛书《周易》、长沙马王堆三号汉墓遣策。河南省文物考古研究所藏：虎溪山汉简、慈利楚简。湖北荆州博物馆藏：江陵张家山汉简《二年律令》、江陵张家山汉简《奏谳书》、江陵张家山汉简《盖庐》、江陵张家山汉简《引书》、江陵张家山汉简《算书》；湖北省荆门包山楚简文书、荆门包山楚简卜筮祭祷辞、江陵望山固卜辞简、江陵望山二号墓遣策、云梦睡虎地秦简《效律》、云梦睡虎地秦简《法律答问》、云梦虎地秦简《秦简十八种》。湖北省文物考古研究所藏：云梦龙岗秦简。另外，上海博物馆展出了《诗论》《缁衣》《性情》楚简图版。

胡平生谈荆门郭店楚墓竹简三函

胡平生，中国文物研究所研究员，出土文物与文献考古研究中心主任，国家有突出贡献的中青年专家，中国诗经学会理事，著有《阜阳汉简诗经研究》等。

一

去年以来，因整理出土文献工作事务烦琐，7月方自长沙回京，10月又赴港出席古文字研讨会并做三月访问。桂林盛会未能参加，思之怅然。今年5月，出版社已出版《荆门郭店楚墓竹简》，其中除《老子》外，另有若干儒家著作，多次引到《诗经》，当是最早的《诗经》。去年在香港中文大学见其文物馆收藏自大陆流出的楚简，其中一枚也引了《诗经》，饶宗颐教授已有专文介绍。……（2000年6月28日）

二

谬承夸赞，实不敢当。在下实视行政事务为累赘，推辞再三而不果，只得维持一二年“过渡”而已。所询荆门郭店楚墓竹简关于《诗经》的材料，在下原拟写成《郭店竹简〈缁衣〉引〈诗〉考》一文，但暂未能动笔。今年实在太忙。

楚简文字古奥，释读难度很大，出版的书中仍有不少问题，因而研究者如果只凭借整理者所作释文写论文，恐怕有问题。《缁衣》今本中引《诗》就多，简本与今本有较多差异。简本《缁衣》大致相当于今本第二章、二十四章。

简本最初由荆门与荆州博物馆同志整理，后因释读、分类上有些问题，另由我的老师裘锡圭先生花了8个月时间重新抓梳整理一过，但是现在仍有许多问题尚未解决。从古文字字形、字义，今本简本异文考证等各方面，都有深入讨论的价值。从研究思想史和哲学史的角度，可以做的文章就更多了。5月此书出版，世界上已开了许多研讨会。

值得注意的是，上海博物馆前些年从香港文物市场购回一批楚简，也有《缁衣》内容。我去年在香港看中文大学文物馆藏牍，其中就有一枚《缁衣》简，“寺（诗）贞（云）其颂（容）不改”，饶宗颐先生曾有一短文论及。8月1日。

三

抱愧，因所欠文稿太多，近期内恐无法遵命贡献拙作以续貂集之后。8月下旬在北京召开“新出简帛研讨会”，上海博物馆拿来了《诗论》等竹简照片，引起很大轰动，究竟是孔子还是卜子（子夏），会上就引起很大争论。会上宣布不得擅自公布会议期间论文的材料，马承源讲了31支诗论简，我当然也不好写什么。

这几年特别忙，长沙三国吴简经一年半拼搏，第一卷1999年10月终于出版；去年给了一个“国家有突出贡献的中青年专家”，大概是鼓励此事。这一卷，文物出版社竟定价2000元，好在售数已超过600本，出版社不亏，我们也较心定。最近跑第二、三卷经费，很辛苦。

1998年岁末有台湾之行，参加“魏晋南北朝学术研讨会”并访问“中研院”史语所。1999年岁末又再赴台湾，参加“首届简牍研讨会”，并访问文哲所，会后到香港中文大学访问一个月。今年5月到大英图书馆看了一个月书（斯坦因发掘）。7月到日本访问12天，在东京大学和大东文化大学分别讲“郭店楚简”和“三国吴简”。由于近些年实际未能参加诗经学会活动，一段时间内也帮不上什么忙，感到很是愧疚。近些年，我实际上基本不能参加国内学术会议，北京三天简帛会是例外，8月合肥召开的古文字学会也没有去。

常常见到您的大著问世的报道。你的学生长华兄、月亮兄也时有新著出版。学会工作蒸蒸日上，自己没有出力，再次表示愧疚之意。寄上《文汇报》剪报复印件数页，供参考。《中国文物报》有此次北京会议的简讯。简帛中心（儒联下属）有一个网络，可以访问。据此敬颂研安。晚生胡平生拜上　2000.10.11

王晓平教授自日本来信

王晓平教授在日本大阪大学任教已数年。

近好！《思无邪斋诗抄》就放在我书桌旁的书架最易取的地方，翻过一遍又一遍。我虽没有先生的诗才，但年轻时学写新诗，现在又爱读旧诗，因爱诗，在读研究生时选《诗经》为研究方向，这是我爱《思无邪斋诗经论稿》、又爱《思无邪斋诗抄》的原因。当初毕业论文选马瑞辰《毛诗传笺通释》来研究（后载《文史》第25辑），实也有先生《诗经研究史概要》的影响。然而更重要的原因，还有先生诗中的颇多情愫，竟唤起我无数对往事的回忆。在内蒙古13年的经历，原来与先生竟有那么多相似的感受，所历艰辛，不能与先生相比，但许多企盼与忧思，却如此相近！每次见面，先生都是繁忙，不忍打扰，但愿畅叙有时。跨入学界，已是不惑之年。日日唯恐虚度，自鞭不已。啃训诂，啃文论，啃完现代日语，又啃古代日语，听说读写，无一敢放弃，转眼就是半百，无功可陈。寂寞异国岁月，日以读书为乐，正是先生《六十三岁生日》诗中所咏“平生无有封侯梦，惟恋寒斋纸墨香”之谓也。

最近读《毛诗抄》，草一文，寄上请先生指正。岁亦暮矣，祝先生新年愉快。11 月 22 日

林家骊：哈佛现存《诗经》古籍善本

浙江大学教授、博导林家骊理事自美国电邮。

林家骊在哈佛大学向您问好！这几天我在哈佛大学图书馆看书。这里书既多又全，《诗经》类也如此。夏老的书在这里有九种，《诗经要籍集成》也有。另，这里的《诗经》善本如下：

明代：1.《明嘉靖胡宗宪刻本诗经解颐》（季本）

2.《明万历刻本六家诗名物疏》

3.《明崇祯太仓顾氏织帘居刻本诗经说约》（顾梦麟）

以上三种已入《诗经要籍集成》。

4.《明永乐内府刻本诗经大会》（胡广）

5.《明闽芝城书林余氏刻本叶太史参补古今大方诗经大全》（叶向高）

6.《明万历程应衢玄鉴室刻本毛诗郑笺纂疏补协》（屠本峻）

7.《明崇祯刻本诗经注疏大全合纂》（张溥）

8.《明崇祯陈增远刻本诗经类考》（沈万钶）

9.《明崇祯刻本诗经备考》（韦铜鼎）

以上六种入《诗经要籍集成》存目。

10.《明万历金陵广庆堂刻本毛诗六帖讲意》（徐光启）

清代：1.《诗经广大全》（黄梦白、陈曾）

2.《毛诗旧笺》（陈松龄）——以上三种入《诗经要籍集成》存目。

特此报告。这些书您处都有否？

林家骊到哈佛燕京访学

值此新春佳节来到之际，我在远方给您拜年，祝您和您的家人万事顺利，吉祥如意！并感谢您在过去的时间里给我的关心和大力帮助。我在2005年10月受大学派遣，到美国哈佛大学东亚系做访问学者三个月，原定12月31日回国，12月应杜维明先生之邀，转到哈佛—燕京学社做哈佛—燕京访问学者，经费由哈佛提供。

叶舒宪采访印第安文化研究所

叶舒宪教授，中国社会科学院文研所研究员，现当选中国神话学会会长。著有《诗经的文化阐释》。

惠书奉悉，多谢。自琼州一面，转瞬两年过去。我因调动工作、出国（1999—2000 年访美，2000 年 4 月访韩），错过了济南会议之期，也未及时拜函问安。得知先生身体近况，病中仍为公务、会刊诸事操劳。实感不已。望先生多多休养，不宜再“夜半文章五更钟”，把散步、品茶、养气当作大事，待完全康复再考虑工作为好。

我在美期间，采访了印第安文化研究所，读到若干调研资料，发现西海岸某些部落中的头领（类似祭司）与诗歌的特殊关联，而印第安人属蒙古人种，似与我国之“诗”从寺现象颇相通。

在韩国与青林社签约拟出拙作《诗经的文化阐释》译本，又恐见笑于异邦，不知先生以为然否？今年与萧兵教授合作《山海经文化录踪》百万言，已杀青，若干相关论文散见于《北大学报》（2000 年 4 月）、《中国文学研究》（广西教育出版社，1999 年）、《民

族艺术》(1999年3月)、《海南师院学报》(2000年1月)等，容出书后再奉上讨教。谨奉大安。2000年7月5日

刘毓庆谈整理笔记杂考

刘毓庆博士，山西大学国学院院长、博士生导师，中国诗经学会副会长，著有《从经学到文学》《从文学到经学》《诗经图注》《诗经历代著作考》《诗义稽考》等著作。

我常想先生年已耄耋，犹笔耕不辍，后辈小子有何理荒废日月？因此常以先生为楷模激励自己。

现在我正在整理《诗义别解考》。二十多年来，我对笔记杂考、小说轶闻情有独钟，做了不少卡片。此书主要是对笔记杂考中有关《诗经》诠释资料的汇辑考辨，征引书约240余种，争取在明年上半年整理完毕。我常感到《诗经》注本新见旧说相混为一，而学术笔记却往往是作者思想的闪光，能引为一家之言者。因此拟以《诗义别解考》为名，不知当否？望先生指正。又，《历代诗经著述考》目前所搜集资料少说也有三四百万字，必须作认真的筛选与综合思考，任务繁重，不得已，找了个帮忙的人，帮我分类，并做些标点工作。

“诗经研究信息中心”，因近来拟调动工作，做了近十年的论文索引，其他就先放后了。

庄严教授研究诗经宇宙论

我于6月下旬赴宁参加庆祝香港回归系列活动，月底即感不适，住华东军区总医院治疗，7月初返芜继续检查。目前虽逐渐康复，但医嘱不宜远行，故8月桂林之会碍难前往。拙文请代为在会上宣读。该文将由湖南某期刊在8月份全文发表。我下一步研究诗经之选题是“诗经中的宇宙论”。这在哲学上是指将宇宙作为一个整体来研究其起源与结构等问题，而在人类学中则指原始氏族宗教、神话中之宇宙观，包括对自然界、超自然界、社会界之结构、组织与功能之构拟，反映了原始民族对宇宙及其万物之看法，它与构成民族传统之华夏文化，有多方面与深层之关联。匆布不一，顺致敬礼。庄严谨白。1997.7.15

王宗石主张研《诗》应以本文为主

王宗石先生于2002年病逝。

手书奉悉，承示田中先生通讯地址，甚感。从其“书评”看，此公是通读了拙著的，当与之联系讨论。因会议论文过多，此次未与会者论文未刊，希吾兄不必介意。弟年迈体弱，实无法参加会议，既忝列会员，理应寄文以将研究心得公之于众，以推进诗学，原无名利之求，刊出与否，盼老兄不必考虑。

两册论文集及本期会务通讯所载第三辑目录，弟均曾浏览一过，深感今日诗学家研究途径，大都在传、笺、疏、注中转来转去，不重《诗经》本文，而以古文字学、古音韵学、古史之工具以钻研者则寥寥。《诗经》中之周颂与二雅，全为西周最可信文献（还有《周书》），仅凭汉以后之注疏，势必陷于此亦一是非、彼亦一是非之境，永无终了。足下为公木先生《商颂研究》作序，实已指明此一问题。

弟近作《释昭假》一文，比较了郑笺之解释。“昭假”一词在雅颂中共出现五次，殆为西周时期熟语，郑氏随文立义，从无确切定义，戴震之说亦不能概其全（公木先生用戴说）。如依郑笺，则“昭假”一词终不得明白，徒耗后学者之心力。若诸家论研，多以《诗经》本文之研究为主，则成果必将出现一番新气象也。愚者之见，是否有当，希卓裁。随寄百元，作1998年会费，深知会务开支大，全赖吾兄策谋，区区之数，杯水车薪，亦聊以尽会员之责已耳。

曹道衡读战国楚竹书《孔子诗论》

近况可好？祝福。近读战国楚竹书《孔子诗论》。我认为，楚国在春秋时代已大量吸收中原文化，到了战国时代，楚文化已成为中华文化的一个重要组成部分。这时，北方的儒家思想已为楚人所接受。当时儒家典籍，在楚国已很流行。秦统一以后，实行“焚书坑儒”，但齐、楚二地，距秦都咸阳较远，秦控制力不强，故古代典籍及儒师多保存于齐楚二地。《汉书·儒林传》中儒生，多齐楚人。楚竹书《孔子诗论》的发现说明了战国时楚国儒学之盛。从《孔了诗论》看来，它反映了战国中期以前儒学对《诗经》的看法。这种看法虽与后来的齐、鲁、韩、毛等汉代学者有区别，但无可否认的是他们都多少受到《孔子诗论》等先秦儒家的影响，其中《毛诗》似与《孔子诗论》的说法最近，齐、鲁、韩三家可能由于用《诗》劝谏君主、藩王，多少要“断章取义”，故相去较远。但《毛诗》和《三家诗》基本上都受儒家著作的影响。以上管见不知当否？冬寒诸希珍摄。（2001.12.20）

南开大学出版社社长张世甲函

您好！得知在您八十华诞和从教50年之际，搞一个纪念活动，非常有意义，学校的这一举措不仅有人情味，更主要的是真正体现了尊重知识、尊重人才的方针落实了。我和志英都非常高兴，8月份如无特殊情况，我们一定到场祝贺。

多年来您对南开大学出版社的支持有目共睹，特别是早期无论从选题，还是经费方面，都给一个刚刚起步的出版社以大力的援助，这一点我们出版社永远不会忘记。

在与您合作的过程中，我们结下了深厚的友谊，我佩服您的为人，钦佩您对事业的执着与自信，感佩您与时俱进，不断开拓的进取精神。您提携了不少人，您为《诗经》在中国的重新发扬作了巨大的贡献。一个民间协会搞得如此活跃，每两年定期召开国际研讨会，这在中国是不多见的。它需要主持人（会长）的巨大凝聚力，它需要政府各个方面的支持，包括经济的和行政的，它需要诗经学术界的认可和呼应，等等等等。所有这一切，不是一般人所能办得到的。我经常有这样的感慨，一些名校都有一些某领域的名人，他们或在学术上成名，但缺乏社会活动能力，放不下架子，只是以个人为中心发展；也有些人他们有广泛的社会活动能力，但腹内空空，在学界不为人认可，他们挑不起学界的大梁。而您既具备学者的优势，后者也是您的强项，所以您把诗经协会办得这么好。我不是搞《诗经》的，但我作为旁观者看得更清楚，您功不可没。

祝身体康健一切顺心。世甲 2003 年 3 月 3 日

樊树云贺寿

欣闻先生大寿，顾献九如之颂，并陈百福之图。恭维寿寓宏开，华堂笃祜。集众祥于佳日，献兕称觥；晋耋老于大年，扶鸠进杖。鹤筹添算，凫藻腾欢。樊某向切葵心，溯回葭水，倾忱歌介寿之诗；引跂芝云，拜手上长生之祝。谨呈微礼，至乞哂存。恭祝千春，祈请龄安。维希亮察，树云谨肃。

贺夏老八十寿诞（藏头）

夏商周汉兴五经，传道授业赖儒生。
才德过人历磨难，寿耋九如不老松。
比朋满座论诗稿，南召国风多恋情。
山呼嵩岳涛拍岸，齐创文明矗高峰。

（2014.8.10）

袁梅：我们步入耄耋老翁行列

历届诗经国际学术研讨会，我因年老体弱，难以参加盛会，无缘亲受诸位师友的教益。十分遗憾。相读华翰，感慨良多。十数年来，您为诗经学会的发展日夜辛劳。使我们学会逐步发展壮大，业绩斐然。您对我国及全世界诗经学的发展做出了巨大贡献，弟对您的敬业精神和高尚人格由衷敬佩。近悉您的身体欠安，十分惦念！万望吾兄善自珍摄，劳逸结合，于公于私都有益处。明年的国际研讨会，您统筹安排已很劳神，具体事宜可让年轻的同志们多操持，以保证您的健康，有利于长远的事业。

弟与吾兄同年，均已步入耄耋老翁行列。弟于 2002 年突患眩晕症，后经检查，诊断为颈椎病，这几年来，时轻时重。又加之多年的冠心病，使我常感心力交疲，生活质量大为降低。平时极少出门，在家中或卧或坐，看点书已难持久，思维能力差得多了。由于年迈体衰，明年的盛会，我无法参加，丛刊约稿也实难从命，请吾兄及同仁们谅解！

时届冬令，千万保重！预祝明年的大会圆满成功！弟袁梅再拜。2005 年 10 月 26 日。

王洲明：与先生交亦师亦友

王洲明，山东大学教授、博士生导师，中国诗经学会副会长。

来函收悉，读先生情深意切之信札，回忆与先生十数年之交往，感慨良多。

我与先生之交系亦师亦友。先生之著述、诗作，绝大多数都详细拜读，获益甚丰。我更佩服先生执着的人生追求，特别是晚年发起、操持中国诗经学会的事业，使诗经研究发展到一个新的阶段，成绩卓著，为海内外学人所共知。正因为此，我的学生张亚欣做了题为《夏传才先生〈诗经〉研究综论》的硕士论文。现论文初稿已经完成，我已审读。待修改完毕，将登门请先生指导。

人年老多病，乃正常规律。先生秉性旷达，相信定能从容待之。俗言“战略上蔑视它，战术上重视它”，“既来之，则安之”，也望节劳、节烟、调整饮食、少量运动，以最终战胜疾病。

明年3月和8月的诗经有关的会议活动，我都决定参加，附将回执一并寄奉。届时与先生、诸同仁晤面，亦乃人生一大乐趣。“笔谈”文稿容随后寄出。王洲明　2005年11月2日

马银琴信

马银琴，中国社会科学院文研所研究员，著有《两周诗史》。

您好！南充诗经会上您的音容笑貌宛在眼前，不经意间，时间已经过了二年了。当时先生嘱咐我好好梳理一下《周颂》研究史，可是一年过去了，这项工作我还没有着手开始。每每想起此事，总觉得辜负了先生的提携与厚爱，深感不安。我力争在明年初按期完成社科基金项目“周秦时代《诗》的传播史”之后，能够开始做这项工作。

您的《诗经研究史概要》是引领我进入诗经研究领域的门径，而从2001年每一次参加诗经学术研讨会认识您开始，我则直接得到了您不遗余力的提携与鼓励。数年来，您对我的提携与关爱，我都深深地铭记在心。在此怀着深深的感恩的心情，为您寄上一份真挚的祝福。

祝您：福如东海，寿比南山！（2008.9.2）

王承略：辛勤耕耘　硕果累累

王承略，山东大学文史哲研究院教授，博士生导师。

今年在石家庄召开的研讨会我一定参加，特此报名。

近几年来，我一直忙于《两汉全书》和《儒藏》精华编，如今这两个项目都基本完成了。《两汉全书》于今年由山东大学出版社出版，36册，1300万字。《儒藏》精华编的诗经类，共收书21种，标点校勘，也于年前全部交稿，正陆续出版。

目前我正在撰著《儒藏》研究项目《毛传郑笺比较研究》，今年能完成，30万字。又，从1992年起跟随先生编纂《诗经要籍集成》时，就已开始撰写提要，之后凡阅读诗经著作，辄撰写一篇，累计下来，已有130余篇，34万字，计划近两年内进一步补充完善，以期早日完成。《诗经》是我酷爱的研究领域，一定会持之不断地研究下去。

进行以上项目的同时，我还主持全国高校古委会重点资助项目"二十五史艺文经籍志考补萃编"，收书80种，标点校勘，1000多万字，现已全部校完清样，清华大学出版社将于明年出版。还应凤凰出版社之约，撰著《后汉书新注》，现已经完成130万字，估计全书250万字。因承担的项目较多，所以这些年做得很辛苦。未能及时向先生汇报，十分愧疚。好在我一直非常努力，兴许尚未辜负先生的期望。

我参加研讨会提交的文章是：陈启源与《毛诗稽古编》。内容主要是我整理陈书时撰写的整理说明。

先生年事已高，而工作繁重，万望先生保重。祝先生健康长寿！（2010年）

张启成术后恢复工作三函

张启成教授，中国诗经学会常务理事、贵州大学中文系主任、《贵州文史丛刊》主编，著有《诗经风雅颂论稿》《诗经学史论稿》等书。

一

我于去年济南会议后回黔，仅一星期，突然发现大量便血，经急救住院全面检查，确诊为结肠癌，即于9月上旬开刀手术。手术相当顺利，去年中秋出院，已搞过4次化疗，本月将进行第5次化疗，情况尚可，上半年恢复给研究生讲课并指导硕士论文。《贵州文史丛刊》的主编工作也已恢复。明年张家界会议，只要健康许可，我将带领研究生参加会议。

《丛刊》今年全年可发表《诗经》有关的论文七八篇，这也是对诗经学会的一种支持吧。个人文章方面，因不敢劳累，只是写点短文，看东西也多从兴趣出发。过去的一些想法，看来大都不能实现，只能走一步看一步了，但愿能顺利度过五年的危险期，能多看看世界与中国的变化，多读些中国传统文化的佳作，多一些安度晚年的平静与愉悦，如此而已，岂有他哉！

二

因近年不适，视力下降，考虑到健康原因，终于不能恭逢盛会了。十多年来，对诗经学会，对您和诸位同仁，是有感情的。承蒙您写序、授奖、多次指导迷津，获益良多。为此，特请谭德兴君送上些铁观音茶叶，略表寸心。今年之内，两本《诗经》著作可能由学苑以新编方式出版，到时将寄上敬请指正，值此会长更替之际，一祝夏老长寿安康，二祝诗经学会兴旺发达。晚张启成敬上　2010 年 7 月 22 日

三

听谭德兴君说，您辞去会长职务，就您健康而言，这是一个很好的决定，但就诗经学会而言，则肯定有相当的损失。无论在国内，在国际，都将如此。我于 2009 年 5 月获省批正式退休。在退休前我因眼力不济，无法单独撰文，所以与研究生合作，她今在南京大学读博，南大要求博士生必须在其圈定的核心期刊发表论文三篇，方能通过博士论文答辩，毕业获得学位。《诗经研究丛刊》是南大认可的核心期刊，寄上一文，以她为第一作者，请鼎力相助，培养年轻一代诗经研究人才。启成 2011 年 4 月 19 日

夏传才的辞职信

亲爱的朋友们，你们好！

我决定向第九届年会的会员代表大会请辞中国诗经学会现任会长职务。我请辞的原因有三：

一、在此届会员代表大会上，我是年近九十的耄耋老朽，视力听力下降，手颤书写困难，行步不离手杖，会务冗杂，编辑工作繁重，确已力不从心。

二、依据国家的社团组织法规，年过七十不再担任社团领导。老朽蒙同仁错爱，前两次换届仍推我连任，也承主管单位教育部批准留任。凡事二不过三，应以推选新会长（法人代表）为宜。

三、现在我的头脑依然清晰，思维尚称敏捷，大自然留给我的时间不多了，计划写一点回忆录。写个人自传没有意义，我要写我经历的四个社会形态中所历、所见、所闻、所思的一些真实的片断，使之成为反映时代的横断面。《典论·论文》说："盖文章经国之大业、不朽之盛事。年寿有时而尽，荣乐止乎其身，二者必致之常期，未若文章之无穷。"可惜时间不多，我担心已经写不了多少。请大家珍惜我已经不多的时光。

我本来是一位文学作者，20世纪40年代写过一些作品，早就化为灰烬和垃圾；50年代以后我是学者、教授，写过编过30本书、几种教材和辞书，它们也只是浩瀚学海中的泡沫，也或者其中有人类认识长河中的一点一滴，如此而已。唯一可以稍为自慰的是创建中国诗经学会，在大家的共同努力下，为推动这个学科的兴旺发展，为弘扬中华文化和国际文化交流，产生一定的绩效。我于学会是有感情的，希望在我离职后，同仁们把它办得更加有声有色。

如何推举新一届理事和领导班子，我的意见是依照会章，以民主的方式，从实际出发，达到平稳过渡。

照会章办事：本会会章是照抄国务院颁发的规范文本制定，经教育、民政两部核准，具有实际的法规效力，所以必须依章办事。

民主方式：理事会必须由会员代表大会产生，每位会员都有提名权和表决权。鉴于本会会员分散各地，主管部门准许采取通信方式由会员提名候选人，汇总后在会员代表大会选举，再由理事会推行常务理事、正副会长。

从实际出发，首先要考虑理事能够“理事”和覆盖不同地区。理事的职责是联络、团结所在地区的会员，上下沟通，发展组织、参加本会活动和理事会议（含通信会议）。学术文化社团的工作在于推动学术，声望在于创造业绩，挂名理事没有任何意义。

从实际出发，推选领导班子，首先要考虑的是能够保持学会工作正常运转。通过挂靠单位的组织审查和政治保证，有能力提供独立的办公用房和办公的基本物质保证，接受国家的每年年检，年检时银行账号必须有10万元以上的准备金，依法必须有两名以上专职工作人员，每月要支付工资及其他费用，支付本会出版内刊的印刷费用和正式出版物的补贴；邮电通讯费每年在万元以上。推选的新任领导人首先必须能解决以上实际问题，否则，学会不能继续存在，这是第一个“实际”。知识分子羞于谈钱，但没钱办不了事。鲁迅有句名言：“一要生存，二要发展”。当然还要有学术带头作用、凝聚力、组织会议的社会活动能力等条件，是第二个“实际”。

从实际出发，要考虑到“新老交替”，新陈代谢，是无可回避的自然规律，回顾当初发起学会的专家学者和第一、第二批会员，有的逝世，有的移居国外，有的退休而淡出学坛，保持联系的不足一半的一半。现在一批年轻的博士、硕士，申请入会，我们欢迎。我阅读几位年轻博士的新著，把所研究的课题写得有深度、有新意，应该推荐他（她）们为理事，起学术带头作用。目前我们的学术队伍已经老龄化，不吸收新鲜血液，学会就会自行消亡。

以上都是老朽的肺腑之言，在我任内主持这次年会上与朋友们欢聚，然后鞠躬下台。我已不宜长途飞行，与朋友们以后难有会面的机会，请来品茗谈心、跳一支舞吧。